Künstliche Intelligenz gegen Chefetage

Konrad Wetzker · Peter Strüven

Künstliche Intelligenz gegen Chefetage

Frisst der Roboter den Strategen?

2., überarbeitete und aktualisierte Auflage

Konrad Wetzker
Berlin, Deutschland

Peter Strüven
München, Deutschland

ISBN 978-3-662-62717-4   ISBN 978-3-662-62718-1 (eBook)
https://doi.org/10.1007/978-3-662-62718-1

Die Deutsche Nationalbibliothek verzeichnet diese Publikation in der Deutschen Nationalbibliografie; detaillierte bibliografische Daten sind im Internet über http://dnb.d-nb.de abrufbar.

Springer Gabler

Springer Gabler ist ein Imprint der eingetragenen Gesellschaft Springer-Verlag GmbH, DE und ist ein Teil von Springer Nature.
Die Anschrift der Gesellschaft ist: Heidelberger Platz 3, 14197 Berlin, Germany

„Die Dinge sind dazu da, dass man sie benutzt, um das Leben zu gewinnen, und nicht, dass man das Leben benutzt, um die Dinge zu gewinnen."

Laotse
6. Jahrhundert v. Chr.

„By doing the right things and having the right values one can be outstandingly successful. There is

- no need to be pushy,
- no need to be greedy,
- no need to court publicity,
- no need to seek the ‚bubble reputation‘ or the ‚selfish hope of the season's fame‘.

Just do it well, never lose your sense of perspective, and above all, never lose your sense of irreverance."

Sir Anthony Habgood
former Chair of Court of the Bank of England,
and Chair of the Reed Elsevier Group, 2019

„This is the synthesis on which I believe we must build our shared future: on AI's ability to think but coupled with human beings' ability to love."

Kai-Fu Lee
Gründer von Google China und Microsoft Research Asia,
Entwickler des weltweit ersten sprecherunabhängigen
Spracherkennungssystems, 2018

Vorwort

Vor fünf Jahren schrieben wir ein Buch mit dem Titel *„Der enttarnte Stratege – Rationalisierte Irrationalität im Management"* (Wetzker und Strüven 2016). Wirtschaftswissenschaft und Managerausbildung beschäftigen sich vornehmlich mit Methoden, Fakten und Zahlen. Selten spielen auch Fragen der Logik, der Philosophie und Ethik eine Rolle. Wir versuchten einen Beitrag zu leisten, diese Gewichte zu verschieben und das Nicht-Rationale – Intuitive, Kreative und Menschliche – aufzuwerten. Wir sind der Überzeugung, dass vor allem das Irrationale Managemententscheidungen prägt und dieses Thema viel zu oft tabuisiert wird.

Beim strategischen Management wird alles gebraucht:

- **Ratio** – der Verstand – bei der Analyse, bei Berechnungen, bei der Berücksichtigung eindeutiger Abhängigkeiten, beim Ordnen komplexer Systeme.
- **Intuition** – das Bauchgefühl – in unübersichtlichen und unsicheren Situationen, bei nicht eindeutigen Entscheidungsgrundlagen, beim Erahnen grundsätzlicher Veränderungen in der Zukunft oder wenn wir uns mit einer rationalen Lösung nicht wohlfühlen.
- **Kreativität** – der Geistesblitz – bringt Neues, Überraschendes – zur Nutzung des wichtigsten und nachhaltigsten Wettbewerbsvorteils, der positiven Differenzierung.
- **Empathie** – das Einfühlungsvermögen – bringt emotionale Werte in die Erkenntnis ein. Menschen mit Empathie sind positiver und ausgewogener, verstehen Organisationen und Märkte besser und können erfolgreicher überzeugen.

Die Ausführungen in der Managementliteratur sind primär rational angelegt. Wir sind der Überzeugung, dass die drei weiteren Elemente gleichberechtigt mit der Ratio am Prozess der Strategieentwicklung und des strategischen Managements partizipieren. Wir fassen sie wertfrei als das Irrationale in der Strategie zusammen, als Gegenspieler und notwendige Ergänzung des Rationalen.

Der Verlag schlug uns eine **zweite,** leicht überarbeitete **Auflage** vor. Wir lehnten ab, da wir unser Buch als partiell überholt ansehen, allerdings nicht den grundsätzlichen Einfluss der vier Faktoren auf die Strategieentwicklung. Vielmehr sind die Fortschritte der Datenaufbereitung und -verarbeitung, der künstlichen Intelligenz (KI) in den vergangenen fünf – aber mehr noch in den nächsten fünf bis zehn – Jahren so grundlegend, dass wir uns zur schonungslosen Überarbeitung gezwungen sehen. Keiner weiß, wo es letztlich hingehen wird, aber viele haben eine Meinung. Wir auch.

Uns bewegt, **wie die künstliche Intelligenz wirtschaftliche Entscheidungsprozesse beeinflussen wird**.

Die zukünftige Dominanz der künstlichen Intelligenz schreitet mit unterschiedlichem Tempo voran. In der Produktion, bei der ‚Preemptive maintenance' oder im Marketing der verschiedenen Geschäftsmodelle der Internetökonomie ist sie schon weit vorgedrungen. Im Verkauf von Industriegütern, beim Branding oder bei der Führungskräfteentwicklung steht sie noch vor den Toren. In den verschiedensten Unternehmensformen werden diese Bereiche von Vorstandsmitgliedern, Geschäftsführungsmitgliedern oder Bereichsleitern verantwortet.

Bleibt Strategiefindung die Kernaufgabe des Unternehmenslenkers – ob er oder sie nun Vorstandsvorsitzender, Chief Executive Officer, Eigentümerunternehmer oder Präsident ist? Es ist zweitrangig, ob er oder sie sich als Stratege begreift oder nicht – der Unternehmenslenker ist immer auch und zuvorderst Stratege. Neben rationalen Aufgaben wie der Analyse der Geschäftstätigkeiten und des Marktumfeldes stehen hier Faktoren im Vordergrund, die sich schwerer formalisieren lassen. Können Erkenntnisquellen wie Intuition und Kreativität, Persönlichkeitsmuster und Empathie von der KI auch unterstützt oder gar partiell ersetzt werden? Mit diesen Fragen werden wir uns schwerpunktmäßig beschäftigen. Frisst die KI den Wirtschaftslenker und Strategen oder bereichert sie seine Arbeit, wird sie zum Totengräber oder zum mustergültigen unentbehrlichen Helfer? Stehen die strategischen Entscheidungen wie Eichen im Sturm der KI?

Unsere Empfehlungen stehen nicht wie Eichen im Sturm. Sie sind subjektiv, unscharf und aus den heutigen Erkenntnissen geboren. Wir versuchten Aristoteles[1] auch in der Wirtschaft ernst zu nehmen. Dieser hat sich immer nur über Potenzielles geäußert. Sein Denken in Möglichkeiten und weniger in Fixpunkten soll für uns der Maßstab sein. Max Planck[2] postulierte: „Es gibt keine strengen Gesetzlichkeiten, sondern nur Wahrscheinlichkeiten." Wenn dies für die Physik gilt, gilt es für die Wirtschaft allemal.

Unsere Befragung von 170 Masterstudenten, Doktoranden und Teilnehmern an Executive Education aus etwa 40 Ländern ergab,[3] dass nur noch 46 % von ihnen ein Buch zu Ende lesen. Deshalb halten wir uns kurz.

---

[1] *Aristoteles, 384 v. Chr.; † 322 v. Chr., griechischer Universalgelehrter. Und einer der einflussreichsten Philosophen und Naturforscher der Geschichte.*

[2] *Max Planck (1858–1947), theoretischer Physiker, Begründer der Quantenphysik, Nobelpreisträger.*

[3] *Mitunter geben wir unseren Studenten, Doktoranden und Teilnehmern an Management-Kursen einen unorthodoxen Fragebogen mit Fragen, die nicht direkt mit Wirtschaft und Strategie zu tun haben. Je nach ihren Antworten ordneten wir ihnen die Fähigkeiten eines Linienmanagers oder eines Strategen zu. Obwohl nicht sehr wissenschaftlich, macht es den Studenten und Doktoranden Spaß. Die etwa 170 Studierenden kamen aus allen Erdteilen und repräsentierten mehr als 40 Länder.*

Literatur

Wetzker K, Strüven P (2016) Der enttarnte Stratege. Springer, Berlin/Heidelberg

Berlin, Deutschland   Konrad Wetzker
München, Deutschland   Peter Strüven

Inhaltsverzeichnis

Über die Autoren

Prof. Dr. Konrad Wetzker (Jahrgang 1950) studierte Wirtschaftsmathematik, promovierte zu energiewirtschaftlichen Fragen und erhielt den Akademischen Doktor zu strukturpolitischen Untersuchungen. Zur Wende übernahm er die Präsidentschaft über ein großes Berliner Institut der angewandten Wirtschaftsforschung, arbeitete an Fragen der ostdeutschen Wirtschaftsanpassung mit und wechselte 1991 zur Boston Consulting Group. Nach sieben Jahren im Düsseldorfer Büro baute er als Partner und später Seniorpartner das Büro von BCG in Budapest auf. Aus seiner Begeisterung für die Lehre wurde er 2005 Mitgründer der Corvinus School of Management in Budapest und von 2005 bis 2014 deren Präsident. Diese Einrichtung ist heute eine der anerkanntesten Business Schools in Osteuropa. Seit 2015 beschäftigt sich Prof. Wetzker freischaffend mit Vorlesungen und als Autor. Er ist und war Mitglied von Aufsichtsräten und Vorständen und wohnt in Budapest und Berlin. Prof. Wetzker sagt selbst, dass er mit Alter und wachsenden Erfahrungen zu der Erkenntnis kam, dass das Irrationale bei wirtschaftlichen, insbesondere strategischen Entscheidungen die entscheidende Rolle spielt.

Dr. Peter Strüven (Jahrgang 1949) absolvierte eine Stammhauslehre bei der Siemens AG und studierte Wirtschaftsingenieurwesen mit anschließender Promotion an der Technischen Universität Berlin. Danach absolvierte er ein *post-doctoral* Studium an der Stanford University in California. Er war von 1978 bis 2010 bei der Boston Consulting Group als Senior Partner und Managing Director tätig. Er hatte maßgeblichen Anteil am Aufbau von BCG im deutschsprachigen Raum u. a. als Managing Partner für diese Region in den 90er-Jahren, sowie in Asien/Australien als Mitglied des weltweiten Executive Committees, Leiter des Büros in Tokio und später als erster Chairman für Asien/Australien. In seiner Beratungstätigkeit hat Peter Strüven Unternehmen aus nahezu allen Wirtschaftsbereichen betreut. Strategie- und Unternehmensentwicklung, Internationalisierungsstrategien, gesamthafte Organisationsveränderungen global agierender Konzerne sowie Post-Merger-Integration standen im Vordergrund. Seit 2011 ist er als selbstständiger Berater für Wirtschaft und Politik in Europa und Asien tätig, sowie als Mitglied in Beiräten, Stiftungen und gesellschaftspolitischen Vereinigungen.

Künstliche Intelligenz – Kinderschuhe und Siebenmeilenstiefel

Unsere Auffassung zur künstlichen Intelligenz wird tiefe Denker und Perfektionisten nicht befriedigen. Feinheiten fehlen, Kategorien sind unscharf, Abgrenzungen unvollkommen, Anwendungsbeispiele kommen zu kurz. Zu viel zu verstehen, muss nicht zwangsläufig von Vorteil sein. Detailversessene Lehrer sind nicht die besten, akribische Wirtschaftsforscher verlieren Zeit und den Sinn für das Wesentliche. Auch deshalb wagen wir uns laienhaft an die Sache heran. Wir wollen eine Lücke zwischen atomistischer Akribie und abstrakter Philosophie schließen.

Wir sehen unter dem Oberbegriff der künstlichen Intelligenz drei Entwicklungsstufen.

Stufe I: Jäger, Sammler, Sortierer, Bündler

Das Beschaffen, Sammeln, Sortieren und Bündeln von Datenmassen ist auf dem Wege, zum Tagesgeschäft in allen Bereichen zu werden. Kundendaten, technische oder medizinische Abläufe, Finanzbewegungen, realwirtschaftliche Prozesse und vieles mehr werden erfasst. Die so generierten Datenmengen werden aufbereitet. **Aus dem Dateninput entsteht ein Handlungsoutput. Die Erkenntnisse führen zur Aktion.**

Diese erste Stufe bildet heute den Schwerpunkt der künstlichen Intelligenzanwendung. Nicht sehr intelligent und schon gar nicht künstlich. Es ist eine logische Konsequenz von Computergeschwindigkeit, größerer Zugänglichkeit zu Informationen, Vernetzung, Nützlichkeit und Neugier.

Zum Teil laufen diese Prozesse auf transparentem Wege ab, zu einem wachsenden Teil jedoch ohne dass der Datennutzer die Datenquelle oder der Datengeber den durch ihn ausgelösten Datenfluss kennen würde.

© Der/die Autor(en), exklusiv lizenziert durch Springer-Verlag GmbH, DE, ein Teil von Springer Nature 2021
K. Wetzker, P. Strüven, *Künstliche Intelligenz gegen Chefetage*,
https://doi.org/10.1007/978-3-662-62718-1_1

Solch „künstliche Intelligenz" gehört in vielen Bereichen zum Alltag:

- Zeichen- bzw. Texterkennung
- Bilderkennung
- Spracherkennung
- Individuelle Aussteuerung von Werbung
- Einfache Navigationssysteme
- Regelmäßige Ergänzung und Aktualisierung vorhandener Daten, z. B. bei der Wetterprognose
- Statisches Consumer Handling und Kundensegmentierung
- Bei der Optimierung von Prozessen

Stufe II: Aus Erkenntnissen und Simulationen lernen

Lernen war bisher ein Privileg des Menschen. Einige Wissenschaftler erweitern dieses Privileg auf alles Lebende. Wahrscheinlich haben sie recht. Ob Neunauge oder Hund, sie passen sich an, sie lernen. **Lernen definieren wir als Prozess der relativ stabilen Veränderung des Verhaltens, Denkens oder Fühlens aufgrund von Erfahrung oder neu gewonnenen Einsichten.**

Dieses Privileg des Menschen oder auch des Lebenden wird heute aufgebrochen, auf das Digitale, auf den Computer übertragen. Dieser nutzt Erfahrungen aus Datenauswertungen und bisherigen Abläufen, um zu lernen, um zu verändern.

Der Vergleich des Schachcomputers Deep Blue von IBM mit dem Go-Computer AlphaGo von Alphabet, der Muttergesellschaft von Google, wird in fast keinem Buch zur KI ausgelassen. Zu Recht. Er ist einprägsam und zeigt den stufenweisen Übergang von der Stufe I auf II. Auch wir kommen nicht umhin, an verschiedenen Stellen dieses Beispiel zur Veranschaulichung zu nutzen.

Das Wesen der Metamorphose vom IBM-Computer Deep Blue 1996 über den IBM-Computer Deep Blue 1997 bis hin zu AlphaGo lässt sich gut umschreiben. Garri Kasparow, der damalige Schachweltmeister, spielte im Jahre 1996 sechs Partien gegen Deep Blue. Er gewann drei Partien, machte zwei Remis und verlor eine Partie, womit er Deep Blue 4:2 schlug.

Deep Blue 1996 basierte auf den Erfahrungen aus einer Unzahl von Partien. Auch die vorherigen Partien von Kasparow selbst bauten die Experten ein. Auf dieser Grundlage wurde für übersichtliche Eröffnungen und Endspiele direkt aus bereits irgendwann erfolgten Partien gelernt. Und es wurden über Entscheidungsbäume konkrete Spielkonstellationen mit Parametern, Entscheidungskriterien durchgeprüft. Millionen von solchen Prüfungen in Sekunden. Die Parameter wurden aus bisherigen Partien und logischen Zusammenhängen von Experten in das System integriert.

Deep Blue war so kein Lernender, sondern ein Jäger, Sammler, Bündler und Sortierer. Er blätterte in Blitzesschnelle in einem riesigen Lexikon relevanter Partien und nutzte installierte Parameter zur Entscheidung.

IBM konstatierte selbst: „*Deep Blue, as it stands today, is not a ,learning system.' It is therefore not capable of utilizing artificial intelligence to either learn from its opponent or ,think' about the current position of the chessboard.*"[1]

Deep Blue 1997 hatte eine bessere Hardware, war um Größenordnungen schneller. Er arbeitete nach dem gleichen Grundprinzip, aber konnte die Entscheidungsbäume weiterführen. Kasparow war unterlegen, wobei sicher der psychologische Vorteil eines gefühllosen Computers eine Rolle spielte.

Heute kann ein Laptop den Weltmeister schlagen, da sich die Computerkapazitäten explosionsartig erhöht haben. Es wird geschätzt, dass die „Schachfähigkeit" eines solch einfachen Computers um etwa ein Drittel (gemessen wie üblich in Elo-Punkten) über der des Menschen liegt. Kürzlich äußerte Kasparow gegenüber einem Freund, dass er nie wieder gegen einen Computer spielen wird.

Der lernende Computer der Stufe II macht einen entscheidenden nächsten Schritt, er simuliert, spielt gegen sich selbst und wendet diese Erfahrung für den nächsten Zug an. Er ist dem sammelnden Computer überlegen.

Diese Mächtigkeit war notwendig, um beim Brettspiel Go einen Durchbruch zu erlangen. Der Google-Mutterkonzern Alphabet hat 2017 die KI AlphaGo Zero für das asiatische Brettspiel Go, das hinsichtlich seiner Zugmöglichkeiten um ein Vielfaches komplexer ist als Schach, entwickelt. AlphaGo war eine selbstlernende KI, die nicht Millionen von Go-Partien auswendig gelernt hatte, sondern lediglich die Go-Regeln, um damit Millionen Partien gegen sich selbst zu spielen und das Spiel zu perfektionieren. Sie trat 2017 gegen den koreanischen Go-Weltmeister an. Die ersten drei Partien entschied die KI für sich. Im vierten Spiel variierte der Go-Großmeister seine Strategie und wich damit vollkommen von den ersten drei Partien ab – die Maschine verlor. Im fünften Spiel hatte sie sich aber schon auf die neue Strategie eingestellt, variierte ihrerseits die Strategie mit vollkommen neuen, nie vorher gesehenen Zügen und gewann.

Die Fähigkeiten von Deep Blue werden heute in der Wirtschaft genutzt. Ein Unternehmen sortiert nicht nur emsig seine Kundendaten und ordnet aus diesen Daten Angebote, Marketingaktionen zu, oft setzt es auch Entscheidungsparameter ein.

Die lernende Version lässt den Computer aus bisherigen Verhaltensweisen die wahrscheinlichsten Kundenreaktionen der Zukunft bestimmen. Booking.com und Amazon schicken individualisierte Angebote, weil sie gelernt haben, was der Kunde bevorzugt. Auch dies ist noch keine Meisterleistung an Intelligenz, allerdings ein Schritt zur Stufe II, ein Hebel mit gigantischem Nutzen.

Ein anspruchsvolles Beispiel, vielleicht das überzeugendste zur künstlichen Intelligenz auf der zweiten Stufe, liefert die Fiktion von Max Tegmark (2017) mit dem Projektteam Omega und dem Computer Prometheus. Aus den vielen Seiten von Tegmark extrahieren wir den Kern.

Like a human child, Prometheus (der Computer) could learn whatever it wanted from the data it had access to. Whereas James Cameron had taken years to learn to read and write,

---

[1] *IBM website, IBM research, The world is our lab.*

Prometheus had gotten that taken care of a Friday, when it also found time to read all of Wikipedia and a few million books. Making movies was harder. … As of Sunday morning, Prometheus could watch a two-hour movie in about one minute, which includes reading any book it was based on and all online reviews and ratings. … After Prometheus had binge-watched a few hundred films, it started to get quite good at predicting what sort of reviews a movie would get and how it would appeal to different audiences. Indeed, it learned to write its own movie reviews in a way they felt demonstrated real insight commenting on everything from the plots and the acting to technical details such as lighting and camera angles. …

During the first two weeks of Prometheus, its moviemaking skills improved rapidly, in terms not only of film quality but also of better algorithms for character simulation and ray tracing, which greatly reduced the cloud-computing cost to make each new episode. As result, it … was able to roll out dozens of new series during the first month, targeting demographics from toddlers to adults, as well as to expand to all major world language markets making their site remarkably international compared with all competitors …. There network turned out to be quite addictive and enjoyed spectacular reviewer growth. … „After two months, they had overtaken Netflix, and after three, they were ranking in over $100 million a day, beginning to rival Time Warner, Disney, Comcast and Fox as one of the world's largest media empires. "[2]

Augenfällig an dieser fiktiven Story ist, dass sie uns nicht als undenkbar erscheint. Makaber ist, dass Tegmark seine Story konsequent weiterführt und sie damit enden lässt, dass das Omega-Team *„had now completed the most dramatic transition in the history of life on Earth. For the first time ever, our planet was run by a single power, amplified by an intelligence so vast that it could potentially enable life to flourish for billions of years on Earth and throughout our cosmos …*"[3]

Die Übergänge zwischen Stufe I und II sind fließend (siehe auch AlphaGo und AlphaGo Zero). Falls Amazon feststellt, dass der Kunde K fast jede Sendung aus irgendeinem Grunde zurückschickt, wird Amazon diesen Kunden in Abstimmung mit dem Produzenten nicht mehr als Zielkunden ansehen. Dies kann als Lernen angesehen werden, aber auch als Gruppierung vorhandener Daten.

Wir geben der II. Stufe den Arbeitsnamen **maschinelles Lernen**. Auch für diese Kategorie gibt es eine Vielzahl von Definitionen. Es gibt die verschiedensten Ansätze an Konzeptionen, Methoden, Philosophien, Theorien. Unserer Auffassung entspricht am besten die einfache Definition von Klaus Manhart: *„Salopp gesagt ist maschinelles Lernen die Kunst, einen Computer nützliche Dinge tun zu lassen, ohne ihn ausdrücklich dafür zu programmieren. Etwas genauer formuliert ist maschinelles Lernen der Erwerb neuen Wissens durch ein künstliches System. Der Computer generiert analog wie ein Mensch selbstständig Wissen aus Erfahrung und kann eigenständig Lösungen für neue und unbekannte Probleme finden.*"[4]

---

[2] *A. a. O. S. 9ff.*

[3] A. a. O. S. 21.

[4] *Klaus Manhart, Computerwoche, 19.06.2018.*

Der Computer sieht sich viele Gesichter an, Algorithmus und Parameter werden immer weiter verfeinert, schließlich kommt der Computer in die Lage, aus Gesichtsausdrücken Stimmungen abzulesen. Das konkrete Gesicht hat ihm niemand „reinprogrammiert", er hat gelernt, Gesichter selbst einzuordnen.

Wir sehen bei der lernenden KI verschiedene Schichten der Entwicklung:

- **Der Computer lernt aus der Wiederholung von Datenerhebungen in weitgehend gleicher Struktur (vertikal).**

  Zur Veranschaulichung: Der potenzielle Kunde N bucht immer wieder im Winter Skitouren, im Sommer fährt er ans Mittelmeer. Seine bevorzugte Hotelkategorie ist 4 Sterne. Falls alles passt, ist er auch bereit, Kategorie 5 zu bezahlen. Wir passen unsere Angebote an sein wahrscheinliches Verhalten an. Die KI hilft uns. Der Kunde wird vertikal „durchdrungen". Oder anspruchsvoller: Der Computer nimmt an unzähligen Vorstandssitzungen teil und fixiert die Abläufe minutiös. Schließlich hat er aus dem Verhalten des CEOs gelernt, wann eine Kaffeepause sinnvoll ist, und er verteilt von sich aus wunschgerecht Kaffee und Tee. Er findet Wege, um langweilige Präsentationen zu beschleunigen, er führt das Protokoll und entwirft die Beschlussvorlagen.

  Bereits praktiziertes Beispiel: Der Nest-Thermostat wird seit fast zehn Jahren immer weiter perfektioniert. Heute wird er über Alexa stimmlich geführt, verfolgt das Verhalten seines Nutzers und lernt, dessen Heizungserwartungen vorab einzuschätzen und zur Anwendung zu bringen. Der Mensch betritt seine Wohnung oder sein Büro zu der Temperatur, die er erwartet.

- **Der Computer lernt aus dem Vergleich, lernt aus der Transformation von Daten aus ähnlichem Milieu (horizontal).** Nicht ein einzelner Kunde, Mensch wird durchdrungen, sondern Erfahrungen aus dem Vergleich vieler Kunden, Menschen, Sachverhalte gewonnen.

  Zur Veranschaulichung: In den zahlreichen Krankenhäusern der Firma K gibt es viele Patienten mit Nierenkoliken. Die Krankenhäuser legen für jeden Patienten eine Behandlungsdatei an, um Krankheitsspezifika und Therapien zu vergleichen. Es ergibt sich, welche der Alternativen Chemolitholyse, Stoßwellen, Laser, Endoskopie, Getränkeschub am erfolgversprechendsten ist. Da über 1000 Patienten einbezogen werden, zeigt sich für spezifische Situationen ein klares Bild. Aus den Erfolgsgeschichten können Folgestrategien abgeleitet werden. Oder anspruchsvoller: Eine Fußballmannschaft spielt gut, ihr fehlt aber ein Quäntchen zur Spitzenmannschaft. Der Computer analysiert für den Trainer alle Mannschaften derselben Liga über die gesamte Saison. Und er analysiert umfassend die eigene Mannschaft. Aus erfolgreichen Aufstellungen und individuellem Spielerverhalten gibt er dem Trainer Entscheidungshilfe zum Vorgehen gegen den konkreten Gegner.

  Bereits praktiziertes Beispiel: Ein herausstechendes Muster für die horizontale, lernende Verarbeitung von Daten liefert Pymetrics, das Software zur Beurteilung von Bewerbern anhand ihrer Leistungen in Computerspielen erstellt. Pymetrics nutzt „biasfree" Spiele, um zu bestimmen, zu welchem Job der Kandidat am besten passt. Diese

Aussage wird sowohl an potenzielle Arbeitgeber als auch an Arbeitsuchende verkauft. In 25 Minuten meint Pymetrics dazu ausreichend informiert zu sein. Schauerlich wird es dann, wenn auf der Grundlage des Verfahrens automatisch Arbeiter entlassen werden, die bestimmte Ziele unterschreiten. Die Aussage des Chefs von Pymetrics Cresswell *„Du kannst nie eine hundertprozentig faire Auswahl bieten, weil es immer an irgendeiner Stelle eine menschliche Entscheidung geben wird"* (Krempin 2019) zeigt die maschinengläubige Philosophie des Unternehmens. Das wohl gängigste Beispiel zum horizontalen Lernen ist der chinesische Roboter Xiaoyi. Er wurde mit Inhalten von 53 medizinischen Lehrbüchern, zwei Millionen medizinischen Aufzeichnungen und 400.000 medizinischen Texten und Berichten programmiert. Er war anschließend in der Lage, den Test zur medizinischen Zulassungsprüfung in China zu absolvieren – und bestand ihn mit 456 Punkten; das waren 96 Punkte mehr als erforderlich. Im Test abgefragt wurden neben theoretischem Wissen auch Falldiagnosen und klinische Erfahrungen.

- **Der Computer lernt aus sich selbst.** Er simuliert – wie an AlphaGo gezeigt – unzählige Varianten und ist dadurch gewappnet, auf eine bestimmte Konstellation zielgerichtet zu reagieren.

  Zur Veranschaulichung: Das Unternehmen Q versucht seinen Marktanteil über Preissenkungen zu erhöhen, um Skalenvorteile zu erzielen. Das Unternehmen R überlegt, wie es reagieren soll. Der Computer spielt alle möglichen Reaktionen und Gegenreaktionen durch. Die Regeln des Marktes wurden ihm eingeimpft. Er kennt den Verlauf der letzten Jahre. Statistische Verteilungen, Wahrscheinlichkeitsrechnung, Spieltheorie hat er im Blut. Sein Vorschlag zeigt – für das Ziel Marktanteil – die bestmöglich denkbare Variante des Reagierens. Er ist in der Lage, diesen Vorschlag kontinuierlich zu korrigieren, indem er die sich verändernden Positionen durchspielt.

- **Bereits praktiziertes Beispiel** aus der Firma Siemens: In einem Kooperationsprojekt mit der TU München werden Strömungen berechnet – wie etwa ein Auto im Windkanal umströmt wird. Wenn man Strömungen berechnet, hinterlegt man die Geometrie zunächst mit Gitterpunkten – das gewählte Gitter hat großen Einfluss darauf, mit welchem Rechenaufwand anschließend die Strömung berechnet werden kann. Ein sehr rechenaufwendiger Schritt. Diesen ersten Schritt, das optimale Gitter zu berechnen, übernimmt die künstliche Intelligenz und macht die Strömungssimulation so deutlich schneller. Danach werden im Gitter unzählige Strömungsvarianten simuliert und die günstigste vom Computer vorgeschlagen. „Bei AlphaGo ist der Sieg im Brettspiel das Ziel, für den Siemenscomputer der ideale Luftwiderstand"[5, 6]

- **Der Computer lernt aus dem Menschen.** Er übernimmt mechanische und neuronale Abläufe, baut gehirnähnliche Hardware auf, versucht sich auch an Segmenten der Software. Das menschliche Gehirn erhält ein Parallelhirn, neben der menschlichen Hand

---

[5] *Aenne Bernard, Siemens Newsletter, April 2020.*

[6] *Es soll an der Stelle nicht unerwähnt bleiben, dass Siemens zwischen Simulation und künstlicher Intelligenz unterscheidet. Für uns ist die Simulation ein Bestandteil der KI.*

steht eine Roboterhand mit den gleichen Funktionen. Dieser Stufe ordnen wir den viel gebrauchten Begriff des **„Deep Learnings"** zu. Die Menschheit ist bei der Übertragung von Fähigkeiten des Gehirns auf den Computer noch am Anfang. Vielversprechende Schritte sind erfolgt. Die Querverbindungen neuronaler Netze werden ständig erweitert, die Gehirn-Computer-Schnittstellen (BCI) funktionieren immer besser, Intel arbeitet an neuromorphen Chips, organische Materialien werden eingesetzt. Der Supercomputer „SpiNNaker" versucht auf neuromorphen Grundlagen Prozesse des Gehirns zu simulieren. All dies mit dem Ziel, neue Rechnerarchitekturen zu schaffen, die in Geschwindigkeit, Energieverbrauch und Leistung dem menschlichen Hirn nahekommen. Eine ganze Reihe von wissenschaftlichen Durchbrüchen werden noch benötigt. Lee nennt: ... *multidomain learning, domain-independent learning, natural language understanding, common sense reasoning, planning and learning from a small number of examples. Taking the next step to emotional intelligent robots may require self-awareness, humor, love, empathy, and appreciation of beauty. These are the key hurdles that separate what AI does today and Artificial General Intelligence (AGI)* (Kai-Fu Lee 2020).

Zur Veranschaulichung: Eine Weltraumstation soll einen weit von der Sonne entfernten Planeten untersuchen. Die Bestrahlungsstärke der Sonne ist dort im Vergleich zur Erde etwa ein Tausendstel. Sonnenkollektoren reichen nicht aus, um die aufwendigen Arbeiten abzusichern. Ein wesentlicher Energieverbraucher ist der Boardcomputer, durch sein Gewicht, seine Ausmaße und seine Stromeinspeisung. Ein neuartiger Computer – eine Weiterentwicklung des SpiNNakers – kommt mit wenigen Watt, einem Gewicht von wenigen Kilogramm und einem geringen Platzverbrauch aus. Er ist in der Lage, Wahrnehmungen nicht hintereinander, sondern parallel abzuarbeiten. Sein Vorbild ist das menschliche Gehirn.

Die bereits praktizierten Beispiele sind vor allem in der Medizin zu finden und basieren oft auf der Verbindung von Motorik und Computer. Über Brain-Machine-Interfaces (BMI) kann ein Gelähmter Hilfsmittel (sogenannte Neuroprothesen) steuern. Bewegungssignale werden abgeleitet, an Computer übermittelt und in Steuersignale umgesetzt. Eine andere Richtung kommt bei neurologischen und psychiatrischen Krankheiten zur Anwendung. Depressionen und Epilepsien werden eingeschränkt. Beide Richtungen sind in einem erfolgversprechenden frühen Stadium.

Die KI verschmilzt irgendwann mit dem Menschen, ergänzt ihn. Sie kann die Funktionen seines linken, rationalen Hirns übernehmen. Sie nimmt auch der rechten, irrationalen Hirnhälfte vieles ab.

Pedro Domingos (2015) schrieb ein beeindruckendes Buch über den Prozess des maschinellen Lernens. Er sieht zumindest mittelfristig bis langfristig **keine Begrenzungen für die lernende** künstliche Intelligenz, weder von den notwendigen Algorithmen her noch bezüglich der notwendigen Datenmenge. Wahrscheinlich hat er recht.

Dann wird es gefährlich, übermenschlich, wenn der Computer in die Lage kommt, sich selbst ein- und auszuschalten, seine Ziele sich unabhängig von uns vorzugeben.

Am weitesten gediehen ist die Anwendung der Stufe II bei

- automatisierter Sprachübersetzung,
- anspruchsvollen Navigationssystemen,
- Autovervollständigung und Korrekturvorschlägen bei Suchvorgängen,
- vorbeugender Reparatur von Maschinen,
- Automatisierung nationaler und internationaler Logistikketten,
- Therapieempfehlungen im Gesundheitswesen.

Diese Liste ließe sich verlängern. In den relevanten Studien haben wir andererseits keine Nennung von Entscheidungsprozessen bei der AI-Anwendung gefunden. Das gilt auch und insbesondere für die Stützung von strategischen Entscheidungen. Ein seltenes Beispiel ist die McKinsey-Studie „*Manager and machine – the new equation.*"[7] Sie stellt genau die Fragen, die auch uns bewegen: *What would it take for algorithms to take over the C-suite? And what will be senior leaders' most important contributions if they do?* Die im Artikel gegebene Antwort auf diese Fragen – „*we're firmly convinced that simultaneous growth in the importance of softer management skills and technology savvy will boost the complexity and richness of the senior-executive role*" – ist uns allerdings zu einfach und etwas apologetisch. Das MIT[8] führt bei seinen Kursbeschreibungen zwar auf, dass seine Programme Hilfe bei der Strategieentwicklung auf Grundlage der KI geben. Allerdings bleiben die „weichen" Faktoren der Entscheidungsfindung im Hintergrund.

Nach unserer Überzeugung gibt es sechs wesentliche Barrieren für eine noch schnellere und umfassendere Applikation der KI der Stufe II. Wir sehen die folgende Rangfolge:

- Fehlende Überzeugung und begrenztes Wissen der Manager
- Mangel an Experten, Entwicklern, Softwaredesignern, Programmierern
- Rechtliche Schranken für die Datennutzbarkeit (in der westlichen Welt der liberalen Demokratien)
- Ungenügende Verfügbarkeit von Daten
- Zu geringe Geschwindigkeit der Computer
- Wissensgrenzen bei der Entwicklung der notwendigen Algorithmen

Unsere Hypothese: Diese Liste, die Rangfolge der Begrenzungen bleibt auch mittelfristig gültig (Abb. 1.1). Wir denken, dass die technische Seite nicht Flaschenhals sein wird. Algorithmen werden standardisiert, Experten zusätzlich ausgebildet, der Quantencomputer ist am Horizont. Anwendungsideen wird es viele geben, aber das mangelnde Verständnis und die mangelnde Vertrautheit der Manager mit der neuen Welt werden Grenzen setzen.

In der Geschichte gab es bei den großen technischen Veränderungen selten die Situation, dass die technischen Möglichkeiten dem Anwender enteilen. **Die KI bietet heute mehr, als der Anwender versteht und nutzt.** Das Potenzial von AlphaGo faszinierte

---

[7] *McKinsey Report, September 2014.*

[8] *Massachusetts Institute of Technology.*

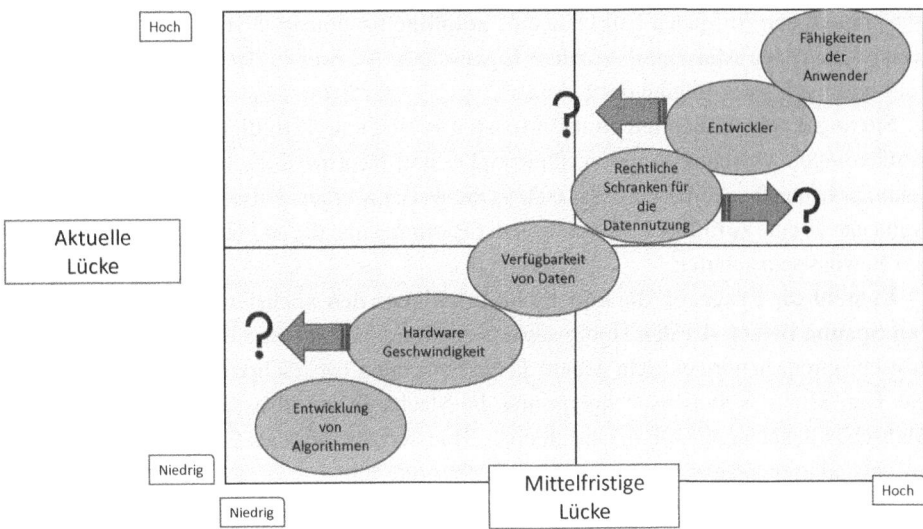

Abb. 1.1 Engpässe bei der Anwendung der künstlichen Intelligenz

zwar Softwaregurus und Schach- und Go-Liebhaber. Im Alltag des Managers ist es noch nicht angekommen.

Daraus folgt: Die Entscheider müssen besser an die KI herangeführt werden. Sie dürfen nicht vor ihr ausweichen, da sie sich nicht ausreichend kompetent fühlen oder auch nicht ausreichend kompetent sind.

Dies führt uns zur dritten Stufe der künstlichen Intelligenz. Kann uns unser Parallelhirn überholen, unabhängig werden und selbstständig agieren?

Stufe III: Die künstliche Intelligenz verselbstständigt sich

Um wiederum Klarheit durch Einfachheit zu schaffen: Für uns sind **Synonyme für diese Stufe die Begriffe Singularität, Superintelligenz, Transhumanismus.**

In der **Evolution**[9] **zum Homo sapiens** gibt es Sprünge, die kaum zu erfassen sind.

Der erste Schritt – der Urknall – ist nicht erklärbar. Wenn wir ihn erklären könnten, wären wir allwissend. Nach dem Urknall entstand unser Universum und damit ergaben sich Anorganisches und später Organisches.

Sprung 2 ist der Übergang vom Organischen zum Lebenden. Vor 4 Milliarden Jahren spielte sich etwas ab, was auch den Wissenschaftlern nicht vollkommen transparent ist. Die Meinungen schwanken zwischen Ursuppe, Vulkanen, Kometen und anderen Din-

---

[9] *Der Begriff Evolution ist vielfach belegt, meist als die biologische Evolution. Wir nutzen ihn hier im Sinne des lateinischen Ursprunges „envolvere" als Ausrollen der Weltgeschichte vom Urknall bis heute.*

gen hin und her. Auf jeden Fall hatte eine **zufällige** Kombination von Molekülen irgendwann zum ersten Mal eine besondere Eigenschaft: Sie war in der Lage, sich selbst zu vervielfältigen – der Beginn des Lebens.

Sprung 3 vom Lebenden zum Bewussten ist noch merkwürdiger, mit abweichenden Auffassungen zwischen Religion, Philosophie und Neurowissenschaften. Viele Wissenschaftler haben die Auffassung, dass wir es nie wissen werden. Unsere Hypothese: Irgendwann gab es eine **zufällige** Konstellation der Biomoleküle, die zu Vernetzungen führte, die das Bewusstsein schufen.

Es steht die Frage, ob die künstliche Intelligenz den nächsten großen evolutionären Sprung liefert, der den Homo sapiens zur Randfigur werden lässt. Moralische oder ethische Grenzen wird es nicht geben, da die Forschung vor solchen noch nie haltgemacht hat. Der „Homo Robotiensis" übernimmt die Macht, er verselbstständigt sich, wird vom Menschen unabhängig? Ob in Gestalt eines Transformers oder als Gebilde ähnlich einem ausgegliederten Gehirn, ist nur für Filmemacher relevant.

Die ersten beiden bisher beschriebenen Stufen der KI können sicher nicht als Sprünge der Evolution angesehen werden. Sie ähneln – bisher – in ihrer Durchschlagskraft der Entdeckung des Buchdrucks.

Erst ein weiteres Vordringen der KI, ihre Verselbstständigung, wäre ein solch evolutionärer Sprung. Auf den Urknall, auf die Entstehung des Organischen, des Lebenden und des bewusst Menschlichen folgt die **„Entmenschlichung" der Welt.** Der Mensch schafft etwas, was ihm die Geschichte aus der Hand nimmt, ihn zum Statisten, zum Werkzeug werden lässt.

Der „Homo Robotiensis" kommt vom Lernen zum vom Menschen unabhängigen Handeln. Er formt das Schachspiel um, damit es für ihn spannender wird. Er dient nicht mehr der Bank, sondern stellt sie in seine Dienste. Er schafft den Profit nicht mehr für Unternehmen, sondern zum eigenen Nutzen. Womöglich schafft er ihn ab. Er hat eigene Bedürfnisse und Ziele. Vielleicht entstehen zunächst Sympathien zwischen verschiedenen „Homo Robotienses", später enge Partnerschaften, später vermehren sie sich.

Diese dritte Stufe der KI korrigiert sich selbst, überarbeitet sich selbst und schafft Wünsche, die von den Wünschen der Menschen abweichen. Sie übernimmt nicht mehr die Ziele ihrer vermeintlichen Nutzer, sondern entfremdet sich von deren Zielen.

Ein Bild für diese Stufe gibt der Stanford-Professor Gumbrecht: *„Mein schlimmster Albtraum ist, dass etwas Gottähnliches (die KI) uns nicht auslöschen will, sondern niedlich findet und sieben Milliarden Menschen in einen gigantischen Streichelzoo sperrt."*[10]

Wir werden uns mit dieser Stufe nicht vertieft beschäftigen, weil wir nicht an sie glauben. Doch lohnt es sich, über sie zu fabulieren.

Zur Hypothese des letztendlichen Kehraus durch die KI gibt es apokalyptische und wohlwollende Interpretationen.

---

[10] *H.U. Gumbrecht, Focus/35, 2019.*

Wir denken **nicht,** dass dieser Kehraus durch den Menschen bewusst ausgelöst wird. **Wenn der Mensch etwas Fähigeres schaffen könnte als sich selbst, dann wäre er das Fähigere und brauchte es nicht zu schaffen.**

So können sich Eliten, autokratische Staatswesen oder harmonische Ländergemeinschaften zusammenraufen, wie sie wollen, sie werden zur Schaffung des Übermenschlichen nicht in der Lage sein.

Allerdings gibt es eine Version, die den Geist aus der Flasche lassen kann. **Der Zufall.** Bei allen von uns beschriebenen evolutionären Sprüngen spielte der Zufall eine große Rolle. Es ergaben sich zufällige Konstellationen, die den Sprung auslösten. Die Evolution verlief sozusagen „sprungfix". Zwischen den Sprüngen ging es peu à peu voran. Nach unendlich langen Zeiträumen kam es zufällig zu Konstellationen, die den nächsten großen Schritt der Evolution auslösten. Die Quantität wurde urplötzlich zur neuen Qualität. (Abb. 1.2.)

Etwas prosaischer: Alle sagten, das geht nicht! Dann kam einer, der wusste nicht, dass es nicht geht, und hat es einfach gemacht. Der Eine war der Zufall.

Zwischen den bisherigen Sprüngen der Evolution liegen Milliarden von Jahren. Die Experten haben sich auf über 13 Milliarden Jahre seit dem Urknall geeinigt.

Diesmal werden nicht Milliarden Jahre gebraucht, um einen **Zufall** „vorzubereiten". Durch die unermesslichen Geschwindigkeiten von Quantencomputern werden Jahre komprimiert werden. Billiarden von Simulationen treten anstelle von Milliarden von Jahren. Gerade hat Google mitgeteilt, dass bei der Entwicklung eines Quantencomputers ein bahnbrechendes Ergebnis erzielt wurde. Der Prozessor Sycamore mache es möglich, eine Kalkulation in 200 Sekunden zu erledigen, für die der aktuell schnellste Supercomputer 10.000 Jahre benötigt. Die Geschwindigkeit steigt um das 124-Millionen-Fache. **Aus**

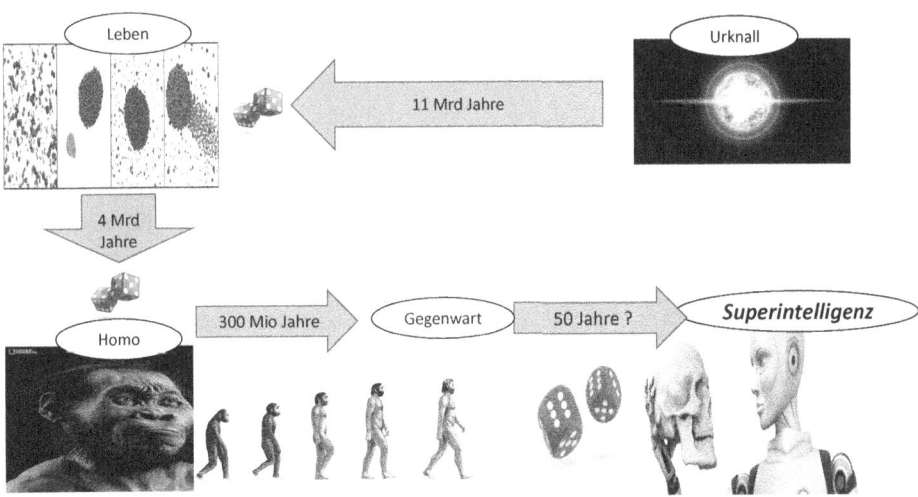

Abb. 1.2 Wird der Zufall wieder würfeln?

4 Milliarden Jahren werden 24 Jahre. Eine zu simple Berechnung, aber anschaulich und richtungsmäßig korrekt. Denkbar ist, dass eine dieser unzähligen **Simulationen per Zufall etwas hervorbringt, das wir nicht mehr im Griff haben: den verselbstständigten Computer.**

Stephen Hawking meint, dass das Aufkommen superintelligenter künstlicher Intelligenz sich entweder als das Beste oder das Schlimmste beweisen würde, was der Menschheit widerfahren kann.

Wir stimmen mit Tegmark überein, dass ein solcher Ausblick auf die künstliche Intelligenz ein anregendes, fantasievolles, begeisterndes Thema ist. „*This question is wonderfully controversial, with the world's leading AI researchers disagreeing passionately not only in their forecasts, but also in their emotional reactions, which range from confident optimism to serious concern.*"[11]

Die meisten Publikationen und Sachmeldungen haben den **Zufall nicht im Register,** sondern setzen sich mit der allmählichen Menschwerdung, der Verselbstständigung der KI auseinander. Sie halten sich an Albert Einsteins „Gott würfelt nicht" und nehmen nicht zur Kenntnis, dass sich Einstein in diesem Falle getäuscht hat.

Ray Kurzweil hat sich in seinem Bestseller *The Singularity Is Near: When Humans Transcend Biology*[12] sehr ausführlich mit der Verschmelzung der menschlichen mit der künstlichen Intelligenz befasst. Er ist der prominenteste Vertreter des **Transhumanismus** und hat den Begriff der **technologischen Singularität** geprägt. Überwiegend wird darunter ein Zeitpunkt verstanden, bei dem sich Maschinen mittels künstlicher Intelligenz (KI) rasant selbst verbessern (Seed AI), die menschliche Intelligenz erreichen oder gar übertreffen und damit den technischen Fortschritt derart beschleunigen, dass die Zukunft der Menschheit hinter diesem Ereignis nicht mehr vorhersehbar ist.

Es wird postuliert, dass die Singularität den Menschen überholt. Die erste ultraintelligente Maschine stellt die letzte Erfindung der Menschheit dar. Danach generiert die KI viel besser Erfindungen und „entwissenschaftlicht, entforscht" den Menschen. Klingt eindringlich, aber ist wiederum für uns nicht vorstellbar. **Es sei denn, der Zufall will es so.**

Der Entwicklungsschritt zum „Homo Robotiensis" oder zum Homo Deus nach Yuval Noah Hararis Nomenklatur oder zur techologischen Singularität nach Ray Kurzweil soll vor uns liegen. Wir zweifeln daran, dass es zu ihm kommen wird. Für uns ist die Verselbstständigung der KI ein Phantom. **Wichtig ist, wenn wir diesem Phantom hinterherlaufen, etwas Nützliches zu schaffen. Hier ist für uns der Weg das Ziel.**

In jedem Fall werden uns auf der KI basierende Systeme mächtige Hilfsmittel in die Hand geben, die unsere Arbeit in vielen Bereichen, ganz sicherlich auch in der Strategieentwicklung, revolutionieren werden.

---

[11] *Tegmark, M., a. a. O., S. 30.*

[12] Ralf Kurzweil, The Singularity is near, When Humans Transcend Biology, Viking Penguin, New York, 2005.

Literatur

Domingos P (2015) The master algorithm. Penguin Books, London

Kai-Fu Lee (2020) The art of AI, Interview. CGTN, June, 28th, 2020

Krempin R (2019) Pymetrics' Suche nach dem heiligen Gral des Recruiting. Business Punk 8/2019

Tegmark M (2017) Life 3.0: being human in the age of artificial intelligence. Penguin Books, London

Strategisches Management – die Aufgabe bleibt

Es gibt zahlreiche Bücher, die den Terminus „Strategie" im Titel führen. Einige beschäftigen sich mit theoretischen Grundlagen – sei es im Rahmen der Unternehmensführung, des Schachspiels oder des Militärs. Andere bemühen sich um praktische Aspekte, Methoden, Werkzeuge, Erkenntnisse.

Unser Ziel ist es, dem Irrglauben, dass Strategie vor allem eine technische Angelegenheit sei, entgegen zu treten und eine Brücke zwischen **menschlichem Verhalten** und strategischer Entscheidung zu schlagen. **Die künstliche Intelligenz** sehen wir als verlängerten Arm des menschlichen Verhaltens. Wir werden uns Gedanken machen – wie lange noch, wann lässt die KI die verbindende Hand los.

Abb. 2.1 zeigt die kuriose Situation, dass **tatsächliche** Wichtigkeit der Bestandteile des Strategieprozesses und **scheinbare** Bedeutung sich diametral gegenüberstehen. Vor allem in der Lehre, aber auch in vielen Vorstandspräsentationen spielen **Methoden** eine übergewichtige Rolle. Der systematische **Prozess** der Strategieentwicklung konzentriert sich vor allem auf die Informationsbeschaffung und Auswertung. **Grundlagen** der Erkenntnis werden nur unbewusst und nicht zielgerichtet berücksichtigt. **Kommunikation** wird auf Präsentations- und Gesprächstechniken eingeengt. Die eigentlichen Schwergewichte, die **Erkenntniswege** (Intuition, Kreativität) und die **Persönlichkeit** der Strategen und Entscheidungsträger, bleiben im Schatten. Wir haben in 40 und mehr Jahren nie erlebt, dass sie offen auf den Tisch von Vorstandsdiskussion kamen.

Wir beschäftigen uns deshalb nicht mit Kategorien. Methoden und Instrumente stehen im Hintergrund. Der Prozess, die konkreten Schritte, die Erkenntnisgrundlagen und Erkenntniswege und auch die Persönlichkeit des Strategen werden eine gewichtige Rolle spielen. All dies werden wir mit dem Seziermesser der künstlichen Intelligenz prüfen. Was hat Bestand, was wird nicht mehr gebraucht, durch die KI überrollt?

© Der/die Autor(en), exklusiv lizenziert durch Springer-Verlag GmbH, DE, ein Teil von Springer Nature 2021
K. Wetzker, P. Strüven, *Künstliche Intelligenz gegen Chefetage*,
https://doi.org/10.1007/978-3-662-62718-1_2

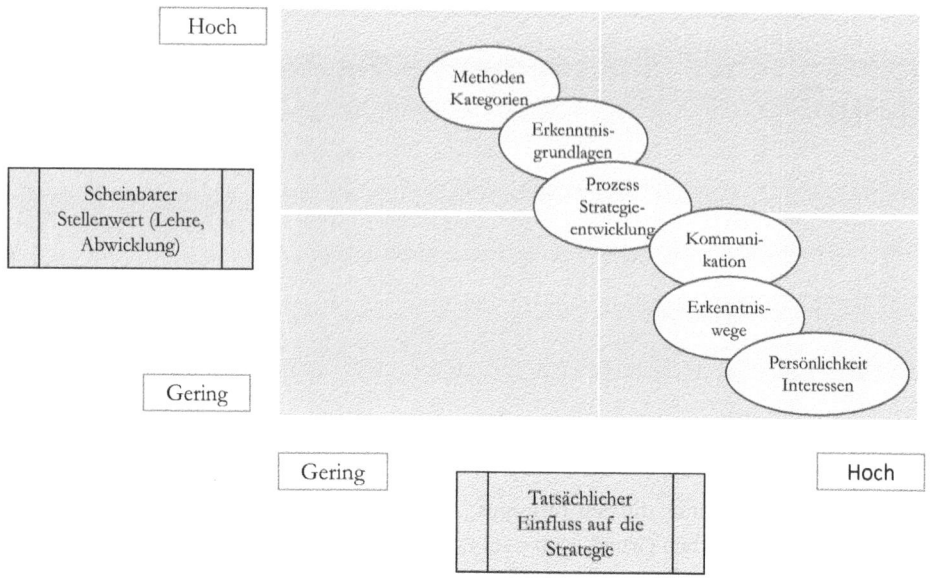

Abb. 2.1 Scheinbare und wirkliche Bedeutung der Elemente des Strategieprozesses

Wir versuchen darzustellen, was nur begrenzt vermittelt werden kann. Strategisches Management erfordert mehr Geschick als Wissen. Ratio allein macht nicht den Unterschied, das wäre zu einfach. Da die KI diesen rationalen Teil der Strategieentwicklung sicherlich als Erstes übernehmen wird – und schon dabei ist –, würde die Differenzierungsfähigkeit von Strategien unterschiedlicher Unternehmen auf der Strecke bleiben. Die einzige Differenzierungsmöglichkeit wäre die unterschiedliche Qualität und Quantität von Daten und Algorithmen.

Wir versuchen Manager und neugierige Studenten zum Grübeln anzuregen, ihnen zu helfen, ihre Strategiegedanken zu ordnen und selbstbewusst ihren Standpunkt zu vertreten. Strategisches Management kann wohl nie bis zur Vollendung beherrscht werden. Es ist wie ein Phantom, man nähert sich ihm, ohne es zu erreichen. Deshalb liegt es uns fern, Perfektion zu demonstrieren. Gerade bei der Einbeziehung der KI erscheint uns dies als anmaßend. Der Aphorismus des Laotse,[1] dass *„was man lehren kann, man nicht zu lernen braucht"*, gilt für die Strategiefindung auch in Zukunft.

Wir haben einen Vorteil, der uns Freiheit gibt. Der Strategiefindungsprozess – wie die Wirtschaft insgesamt – ist keine Wissenschaft.[2]

---

[1] *Der im 6. Jahrhundert v. Chr. lebende Laotse (auch Laozi) gilt als der Begründer des Taoismus, einer der drei großen ost- und südostasiatischen Weltanschauungen (Konfuzianismus, Buddhismus, Taoismus).*

[2] *Wir sehen den Terminus Wissenschaft nicht als Synonym für die Gesamtheit des menschlichen Wissens, sondern als den „exakten Prozess", der zu reproduzierbaren Ergebnissen führt (science).*

Ein wissenschaftlicher Ansatz erfordert einen speziellen Erkenntnis- und Umsetzungsprozess. Von Francis Bacon[3] bis zu modernen Wissenschaftskundlern wie Richard Feynman, Thomas S. Kuhn,[4] Karl Popper[5] und Lisa Randall gibt es im Einzelnen verschiedene Auffassungen darüber, was eine Wissenschaft ist.

Gemeinsam ist allen: Die Ergebnisse der Wissenschaft sind objektiv, können verallgemeinert werden, müssen unter identischen Bedingungen reproduzierbar sein. Ansonsten kann die Allgemeingültigkeit nicht nachgewiesen werden. Lisa Randall trifft den Nagel auf den Kopf: *„The beauty of science – in the long run – is its lack of subjectivity.“*[6]

Es ist nichts Negatives, keine Wissenschaft zu sein. Es geht lediglich um einen anderen Weg der Erkenntnis. Künstler sind stolz darauf, dass sie aus der Beengtheit der Wissenschaft ausbrechen dürfen. Selbst die Physik hat seit Heisenberg[7] und Pauli,[8] seit Planck und Einstein den Nimbus des Objektiven etwas verloren.

Pauli-Effekt: Es geht um den berühmten Pauli-Effekt. Wolfgang Pauli, Nobelpreisträger der Physik, glaubte selbst an diesen Effekt, der den Einfluss des Messenden auf das Messergebnis widerspiegelt. Paulis ‚bloße Anwesenheit‘ soll den Ausgang von Experimenten beeinflusst haben. ‚Er erwecke gleichsam die Tücke des Objektes.‘ Paulis Effekt brachte nicht nur Freude. Eines Tages wurde in einem Göttinger[9] Institut ein aufwendiges Experiment vorbereitet. Plötzlich explodierte eines der Messgeräte … was völlig ungewöhnlich war. Ein technischer Defekt ließ sich nicht nachweisen, alle tappten im Dunkeln. Schließlich blieb nur der Pauli-Effekt als Ursache übrig. Man prüfte, wo Pauli zum Zeitpunkt der Explosion gewesen war. Und tatsächlich, der Nobelpreisträger war in diesem Augenblick auf dem Göttinger Bahnhof umgestiegen. Als sein Fuß den Bahnsteig berührte, knallte es im Institut.

---

[3] *Francis Bacon (1561–1626), englischer Philosoph und Staatsmann.*

[4] *Thomas S. Kuhn (1922–1996), US-amerikanischer Wissenschaftshistoriker. Er gehört zu den bedeutendsten Wissenschaftsphilosophen des 20. Jahrhunderts.*

[5] *Sir Karl Raimund Popper (1902–1994), österreichisch-britischer Philosoph, einer der einflussreichsten Philosophen des 20. Jahrhunderts, besonders durch seine Wissenschaftstheorie und seinen kritischen Rationalismus bekannt.*

[6] *Randall 2013, S. 212.*

[7] *Werner Heisenberg (1901–1976), einer der bedeutendsten Physiker des 20. Jahrhunderts, seine Theorie der Unschärferelation ging in die Wissenschaftsgeschichte ein, Nobelpreisträger.*

[8] *Wolfgang Pauli (1900–1958), ein bedeutender Physiker des 20. Jahrhunderts, Nobelpreisträger.*

[9] Fischer, Schrödingers Katze auf dem Mandelbaum, Goldmann, München, 2008, S. 83ff *(Die Göttinger Universität zählt weltweit zu den führenden Universitäten, insbesondere auf dem Gebiet der Naturwissenschaften. Im 20. Jahrhundert waren dort 44 Nobelpreisträger tätig, davon etwa die Hälfte in der Physik. Einige für das Manhattan-Projekt, das Forschungsprojekt zur Entwicklung der Atombombe, maßgebliche Wissenschaftler wie Oppenheimer, Teller, Fermi und Wigner forschten in Göttingen.)*

Einer der Urväter der ökonomischen Theorie – David Ricardo[10] – war skeptisch gegenüber Leuten, die nur etwas für Tatsachen und nichts für die Theorie übrighaben. Seneca[11] meinte gar, dass wir durch fremde Beispiele zugrunde gehen. *„Folgen wir nicht, wie das Herdenvieh, der Schar der Vorangehenden! Wandern wir nicht, wo gegangen wird, anstatt auf dem Wege, den man gehen soll! Nichts bringt uns in größere Übel, als wenn wir uns nach dem Gerede der Leute richten, für das Beste halten, was allgemein angenommen ist, nicht nach Vernunftgründen, sondern nach Beispielen leben."* Die heutige Managementtheorie und -praxis halten sich nicht an Seneca. Induktives Vorgehen dominiert. Bei allen Grenzen können wir das trübe Wasser der Induktion nicht wegschütten, wenn wir kein klares Wasser der Deduktion haben. Und wir können nicht die Strategiefindung wie eine Wissenschaft „entsubjektivieren". Alle Wege der Erkenntnis sind zu nutzen. Wir müssen anerkennen, dass Strategien unwissenschaftlich entstehen.

> ***Induktion und Subjektivität: Das Beispiel des Adlers.*** *Der Adler, der König der Vögel, hatte viel von der wundersamen Nachtigall gehört, sie aber noch nie zu Gesicht bekommen. Deshalb schickte er den Pfau und die Lerche aus, ihm über die Nachtigall zu berichten. Der Pfau kam zurück, lobte ihren herrlichen Gesang, rümpfte aber die Nase über das Gefieder der Nachtigall. Die Lerche lobte ihr Gefieder, empfand aber den Gesang der Nachtigall nicht als weltbewegend. Der Adler schüttelte den Kopf und machte sich sein eigenes Bild.*

Rumelt bringt es auf den Punkt: *„To generate a strategy, one must put aside the comfort and security of pure deduction and launch into the murkier waters of induction, analogy, judgement and insight"*[12]. Auch Friedrich August von Hayek[13] bläst ins Horn der Unwissenschaftlichkeit: *„Ohne grundlose Handlungen würden wir sterben."*

An der Unwissenschaftlichkeit der Strategiefindung will auch die KI nicht viel ändern. **Allerdings reduziert die künstliche Intelligenz zwei Träger der Unwissenschaftlichkeit in der Strategiefindung – Komplexität und Subjektivität.** Daraus ergibt sich, dass die Spielräume für die Entscheidungsträger geringer werden. Es wird ihnen schwerer fallen, von formalen Empfehlungen – der KI – abzuweichen. Zum einen wissen sie nicht genau, auf welchen Informationen sie beruhen, zum anderen wird ihnen oft der Mut fehlen, gegen den Riesen KI anzutreten.

---

[10] *David Ricardo (1772–1823), englischer Nationalökonom, ging vor allem mit seinen Schriften zum Außenhandel und zur Grundrente in die Wissenschaftsgeschichte ein.*

[11] *Seneca (1–65), römischer Philosoph, neben Kaiser Marc Aurel bedeutendster Vertreter der Stoiker; wie auch Sokrates kam er der Aufforderung zur Selbsttötung (in seinem Fall vom berüchtigten Kaiser Nero gefordert) widerspruchslos nach.*

[12] Rumelt, Good strategy bad strategy, Profile books, London, 2012, S.245.

[13] *Friedrich August von Hayek (1899–1992), österreichischer Nationalökonom und Sozialphilosoph, zählte zu den wichtigsten Denkern des Liberalismus im 20. Jahrhundert, Nobelpreis für Wirtschaftswissenschaften 1974.*

Andererseits baut die künstliche Intelligenz einen neuen Träger der Unwissenschaftlichkeit auf – **die mangelnde Transparenz ihrer Abläufe.** Algorithmen stellen sich als „Black-Box-Systeme" dar. Experten disputieren über das Paradigma der **„explainable AI".** Nutzer sollen erfahren, was im Hintergrund geschieht. Wie funktionieren Algorithmen, welche Parameter werden eingesetzt, wie sehen Modell- und Datensätze aus? Ein frommer Wunsch, der uns auf der Ebene der strategischen Entscheidungsfindung als unrealistisch erscheint.

Allerdings gibt es vor allem in der medizinischen Diagnose und bei sicherheitskritischen Systemen Fortschritte, die in absehbarer Zeit helfen, die Black Box mehr und mehr zu öffnen. Von Wissenschaftlern aus Singapur und Berlin wurde der *„Layer-wise Relevance Propagation (LRP) algorithm that allows visualizing according to which inputvariables AI systems make their decisions"* entwickelt. *„Extending LRP, the novel Spectral Relevance Analysis (SpRAy) can identify and quantify a wide spectrum of learned decision making behavior. In this manner it has now become possible to detect undesirable decision making even in very large data sets." „This so-called ‚explainable AI' ... employs flaky or even cheating problem-solving strategies should be used."*[14]

Die Firma *AtomLeap* in Berlin hat einen intelligenten Weg zur verständlichen, einfachen und transparenten Aufbereitung komplexer Datenvielfalt entwickelt. Ihre Computer sammeln dafür ständig Daten über neue Technologien von Millionen Firmen, Tausenden Venture-Capital-Portfolios und Hunderten Datenbanken weltweit. Diese Daten werden gelesen, verstanden und in Strukturen übersetzt, die der jeweiligen spezifischen Fragestellung gerecht werden – z. B. der nach zusätzlichen Einsatz- und Absatzmöglichkeiten der eigenen Technologien im globalen Wettbewerbsumfeld. Daraus werden technologische Trends und Zusammenhänge abgeleitet und diese in den Kontext der entsprechenden Firma gestellt, um daraus mögliche neue Geschäftsmodelle abzuleiten. Strukturgraphen unterstützen die Verständigung und Kommunikation.

Ein Beispiel: KI erzielt Ergebnisse, die über den Denkansatz des Menschen hinausgehen: Wenn Menschen mögliche Ergebnisse voraussagen sollen, bauen sie normalerweise auf starken Signalen auf, die sie mit Ursache-Wirkungs-Zusammenhängen in Verbindung bringen. Die Kreditausfallrate korreliert mit dem Einkommen, der gesellschaftlichen Stellung des Kreditnehmers, vielleicht dem Wohnort, dem Beruf, dem Alter und dem Familienstand. Die KI kann aber z. B. aus Millionen von Datenpunkten, die vordergründig in keinen ursächlichen Zusammenhängen stehen, herausfinden, dass die Kreditausfallrate mit dem Wochentag der Vertragsunterzeichnung zusammenhängt: Verträge vom Mittwoch werden schneller zurückgezahlt. Der Mensch kann diese schwachen Signale durch Ursache-Wirkungs-Zusammenhänge nicht herausfinden, weil sie keinen Sinn machen – obwohl sie da sind.

---

[14] *Science daily, March 12, 2019.*

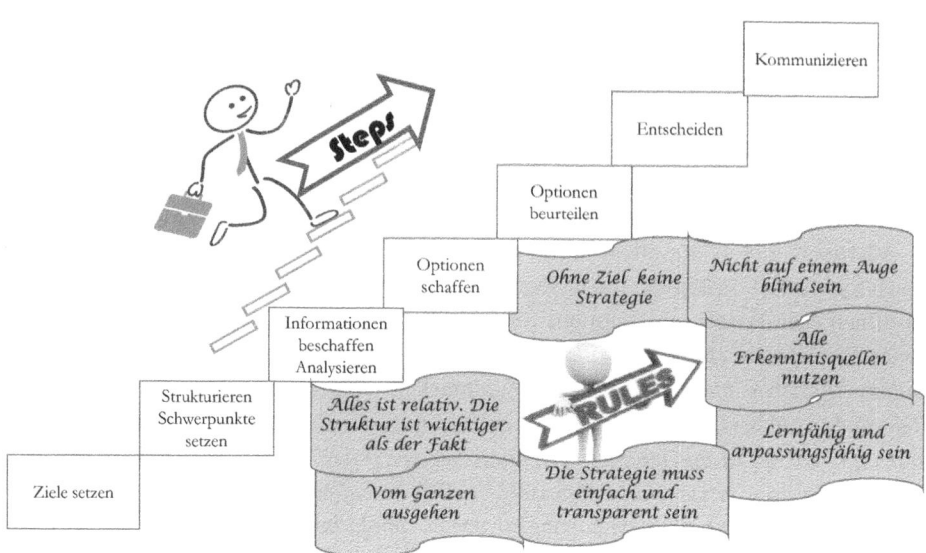

Abb. 2.2 Die notwendigen Schritte und die einzuhaltenden Regeln des Strategieprozesses

Wir meinen, dass uns auch weiterhin durch die fehlenden Laborbedingungen im Strategieprozess viele Wege zu den strategischen Zielen führen können. Absolut weiß niemand, welcher dieser Wege der beste ist, er muss nur am überzeugendsten dargestellt werden.

Wir werden diese Wege der Strategiefindung in **Regeln und Schritte** unterteilen. Einzuhaltende Regeln und notwendige Schritte sind unser Navigator. Wie im Straßenverkehr: Es gibt die Regeln des Verkehrs und es gibt die Vorgabe der Strecke. Die **Regeln** sind einzuhalten – ansonsten verletzt die Strategiefindung Minimalanforderungen der Erkenntnis. Die **Schritte** sind abzuwickeln – ansonsten ist der Strategieprozess unvollständig. Sieben Regeln und sieben Schritte (Abb. 2.2).

Die KI erfüllt die meisten Regeln der Strategiefindung besser als der „HOMO STRATEGENSIS"

Auf allen Gebieten des menschlichen Seins versuchen wir uns an Regeln zu halten. Zum Teil im Unterbewusstsein, zum Teil bewusst und festgeschrieben.

Der Arzt erlernt den Eid des Hippokrates. Auch soll er auf dem neuesten Stand der medizinischen Erkenntnisse sein.

In der **Physik** gibt es die Regel der Wiederholbarkeit und Verallgemeinerungsfähigkeit wissenschaftlicher Versuche, der „Entsubjektivierung"[1] und der Zielgerichtetheit.

In der **Wirtschaft** sind die Compliance-Regeln heute in aller Munde. Schon seit über 200 Jahren gibt es die Bilanzierungspflicht.

Auch um eine **Strategie** zu entwickeln, sollten bestimmte Regeln beherzigt werden. Der Überflieger mag sie aus dem Bauch generieren, aber auch sein Bauch, seine Erfahrung unterliegen bestimmten Regeln.

Die künstliche Intelligenz wird zumindest mittelfristig solche Regeln strenger nehmen und formalisieren. Ihre Algorithmen müssen gesteuert werden. Ein Gerüst ist notwendig. Ausschlusskriterien, Prioritäten, Reihenfolge werden festgelegt. Die KI giert nach Regeln. Die meisten Regeln der Abb. 2.2. des vorhergehenden Kapitels sind ihr auf den Leib geschrieben.

---

[1] *Diese „Entsubjektivierung" wird seit Heisenbergs Unschärfe infrage gestellt.*

K. Wetzker, P. Strüven, *Künstliche Intelligenz gegen Chefetage*, https://doi.org/10.1007/978-3-662-62718-1_3

Regel 1: Der Strategische Manager darf nicht auf einem Auge blind sein

Es gibt die Erkenntnis, dass wer nur Kunst versteht, auch diese nicht versteht und wer nur Wissenschaft versteht, diese ebenfalls nicht beherrscht. Wir ergänzen, ohne zu zögern, dass **wer nur Wirtschaft versteht, diese auch nicht versteht.** Steve Jobs[2] klagte, dass sich die Studenten keine Zeit mehr nehmen, um sich den brennenden philosophischen Fragen der Gegenwart zu widmen, sondern sich lieber auf die Betriebswirtschaftslehre konzentrieren. Er klagte zu Recht. Allgemeine Bildung und allseitige Neugier sind wichtige Voraussetzungen, um strategisch denken zu können. Deshalb ist bei der Strategiefindung Philosophie, Kunst, Medizin gebührender Raum einzuräumen. Bei Naturwissenschaften und Technik ist es zwingend, da wir ansonsten bei vielen Fragen von Digitalisierung und künstlicher Intelligenz auf der Oberfläche bleiben, Produkte und Prozesse der Zukunft nicht richtig einordnen. Leider haben wir Normalverbraucher hier Grenzen. Wir hätten Nanotechnik, Biophysik oder Neuroinformatik als Zweitfächer studieren sollen. Dann könnten wir besser mitreden. Noch einmal Stephen Hawking: „Alle jungen Menschen sollten mit naturwissenschaftlichen Themen vertraut sein und nicht davor zurückschrecken. Sie müssen naturwissenschaftlich gebildet sein, frei von Angst vor diesen Themen, und motiviert, sich mit Entwicklungen in Naturwissenschaft und Technik auseinanderzusetzen, um mehr zu erfahren."[3]

Auch Kunst, Kommunikationswissenschaften, Medizin sollten den Strategieprozess mit formen. Entweder als Impulsgeber – Kunst, Kommunikationswissenschaft – oder Verständnishilfe – Medizin.

> *Austernklub und Freitagsgesellschaft. Der Vater der modernen Wirtschaftstheorie, Adam Smith, schuf sich in Edinburgh, Schottland, den Austernklub. Wöchentlich saßen neugierige weise Männer aus vielen Bereichen zusammen, schlürften Austern und sprachen über Gott und die Welt. Bei Adam Smith gingen solche Größen wie James Watt (Physiker), Benjamin Franklin (Politiker und Universalwissenschaftler), David Hume (Philosoph), John Clerk (Seemann und Künstler), Adam Ferguson (Soziologe), James Hutton (Geologe) und William Robertson (Politiker und Historiker) ein und aus, alles Namen, deren Träger Weltgeschichte schrieben. Sie sprachen über*

---

[2] *Isaacson Steve Jobs, Bertelsmann Verlag, München, 2011, S. 134.*

[3] *Stephen Hawking, Kurze Antworten auf große Fragen, Klett-Cotta, Stuttgart, 2029, S. 233*

Kunst, Architektur, Philosophie, Physik, Politik, Wirtschaft und ihre aktuellen Projekte. Jeder gab einen kurzen Überblick über den Stand der Dinge. Die Gespräche waren laut Hutton „informal and amusing despite their great learning".

Helmut Schmidt, Altkanzler der Bundesrepublik Deutschland, verfolgte ein ähnliches Anliegen mit der ‚Freitagsgesellschaft' in seinem Haus in Langenhorn bei Hamburg. Ob dort jemals Austern gegessen wurden oder eher Labskaus, ist nicht bekannt. Leider können wir weder Austernklub noch Freitagsgesellschaft reproduzieren. Aber wir können versuchen, deren Geist einzufangen.

Die künstliche Intelligenz wird Erfahrungen aus anderen Wissensgebieten verstärkt einbringen. Sie schlägt ihre Bibliothek auf und sucht Analogien. Es wird zur Symbiose von Wissensgebieten kommen. Die Kognitionspsychologie und Humanethologie werden uns besser verstehen lassen, was hinter einer Akquisition steht. Die Kunst wird bei Design und Kommunikation strategischer Lösungen helfen. Die Physik verbindet sich mit Businesstheorien, um Orte, Impulse und Unbestimmtheiten exakter darzustellen.

Ein immer wichtigerer Aspekt ist die Verantwortung derer, die die KI einsetzen und weiterentwickeln. Deep Learning, Superintelligenz, Singularität, das Setzen von Anforderungen an die KI sind Gebiete mit hoher ethischer, philosophischer Relevanz. Max Tegmark konstatiert mit Recht, dass *„KI uns helfen kann, eine wunderbare Zukunft zu erschaffen, falls es uns gelingt Antworten auf einige der ältesten und schwierigsten Fragen in der Philosophie zu finden – vor allem rechtzeitig".*[4] Ein Fachblinder wird diese Antworten nicht geben können und wollen. Irgendwann sollte die KI in der Lage sein, mit Rot, Gelb oder Grün zu zeigen, ob eine vorgeschlagene Richtung humanen Grundanforderungen gerecht wird.

Die KI kann dem Menschen nur dienen, falls er auch ihre möglichen ethischen, philosophischen, neurobiologischen Konsequenzen präjudiziert. Der Entwickler von Algorithmen sollte auch ein kleiner Philosoph sein.

Eine Einschränkung ist heute noch zu nennen. Die KI arbeitet meist auf Insellösungen basierend. Die oben genannten Analogien einzubringen, gehört noch nicht zu ihrem Tagesgeschäft. Auch wenn die Bibliotheken vorhanden sind, bringt sie die relevanten Kapitel nicht zusammen. Pedro Domingos zeigt die Schrittfolge in seinem Buch „The Master Algorithm" und sagt, dass die Zeit die Lösung bringen wird. *„When Crick and Watson hit on the double helix structure as an explanation for the puzzling properties of DNA, they immediately saw how it might replace itself, and biology's transition from stamp collecting ... to unified science had begun."*[5]

---

[4] Max Tegmark, Mensch sein im Zeithalter der Künstlichen Intelligenz, Ullstein, Berlin, 2020, S. 419
[5] *Pedro Domingos, The Master Algorithm, Penguin books, UK, 2015, S.236*

Die KI ist schon heute in der Lage, den Zeitgeist bei Bildern und Filmen zu bestimmen. Warum sollte sie nicht diesen Zeitgeist in die Produktentwicklung umsetzen oder gar den Stil einer strategischen Vorstandspräsentation damit prägen?

Das technisch Mögliche wird eingespielt. Der Strategieprozess wird vielfältiger und farbiger.

Fachblindheit führt an der richtigen Strategie vorbei. Eine Tatsache, die heute noch nicht Allgemeingut ist. Die künstliche Intelligenz wird vorexerzieren, wie ein Erkenntnisprozess sich breit aufstellen kann, wie er viele Wissensquellen nutzen kann. **Falls wir nicht mitziehen, wird sie uns als Einäugige in den Schatten stellen.**

Regel 2: Strategien müssen Transparent, Einfach und Verständlich sein

Der Strategiefindung muss Einfachheit inbegriffen sein. Vereinfachen ist Pflicht. Einen Standardalgorithmus, ein System zur Vereinfachung gibt es nicht.

Das Vereinfachen ist eine Frage des Denkens (Inhalt), des Herangehens (Prozess) und des Überzeugens (Kommunikation). Für das strategische Management sind alle drei Seiten wichtig.

Wie machen es die (Natur-)Wissenschaften und kann das strategische Management daraus lernen?

Die Vereinfachung, Simplifizierung spielt in der Wissenschaftstheorie eine beträchtliche Rolle. Im Allgemeinen wird von „Ockhams[6] Rasiermesser" ausgegangen. Das Gleichnis mit dem Rasiermesser besagt, dass die einfachste passende Erklärung die beste ist und alle anderen mit einem Rasiermesser abrasiert werden.

Dieses martialische Prinzip wird von den heutigen Wissenschaftstheoretikern kultivierter zum Ausdruck gebracht. Wissenschaftliche Aussagen müssen demnach den folgenden Anforderungen genügen:

- **Einfach:** kurz und leicht zu verstehen
- **Elegant:** keine unnötige Information enthaltend und das Wesen überraschend klar wiedergebend
- **Tief:** Begründet, logisch, analytisch überzeugende Beweisführung

Was für die Wissenschaft mit Recht gefordert wird, sollte hinsichtlich Einfachheit und Eleganz auch für strategische Aussagen angestrebt werden.

---

[6] Diese Regel wurde im 19. Jahrhundert nach Wilhelm von Ockham (1288-1347) benannt. Ockham war ein einflussreicher englischer Philosoph des Mittelalters.

Zwei praktische Beispiele zur Einfachheit und Eleganz[7]

weist darauf hin, dass man nur eine sehr begrenzte Zahl von Informationen braucht, um komplexe Zusammenhänge zu verstehen. Er bezieht sich auf einen Algorithmus, der nach Lee Goldman benannt wurde. Dieser hielt genau vier Informationen bei Herzattacken für ideal, um richtig zu handeln. Er testete diesen Algorithmus im Vergleich mit dem üblichen Vorgehen der Ärzte, das auf viel mehr Informationen aufbaut. Das Ergebnis war eindeutig. Der Algorithmus mit den begrenzten Informationen war um 70 % erfolgreicher als das Vorgehen mit einer Unzahl von Informationen. Diagnose und Therapie waren besser. Die Hypothese, dass sehr viele Informationen und das entsprechende komplizierte Modell die beste Lösung wären, erwies sich als nicht stichhaltig. Die vier Parameter – nicht mehr und nicht weniger – waren der Königsweg. Sie waren verständlich, leicht an Dritte zu kommunizieren und es war einigermaßen klar, warum was zu tun sei.

Gigerenzer[8] (2008, S. 130 ff.) führte Befragungen über die Einwohnerzahl von Städten durch. Er kam zum zunächst paradoxen Ergebnis, dass oberflächliches Wissen zu besseren Ergebnissen führte als genaue Kenntnisse. Es ergab sich eine Gauß-Verteilung. Wer sehr viel wusste, schloss schlecht ab, wer gar nichts wusste, schloss schlecht ab. Wer etwas wusste, aber keine umfassende Datenbasis hatte, schnitt am besten ab. Er war nicht vorbelastet und versuchte nicht krampfhaft, den vielen Informationen, die er im Kopf hatte, zu entsprechen.

Wir sind nicht nur zur Vereinfachung angehalten, da sie elegant ist, sie zahlt sich auch aus. Sie zwingt uns, in die Tiefe zu gehen, das Wesen mit dürrem Wort festzunageln. Nur durch sie können wir das Ganze ausreichend beschreiben und die Komplexität auflösen, ohne sie zu untergraben. Es ist eine Illusion, der Ganzheitlichkeit durch Kompliziertheit näher kommen zu können als durch Einfachheit.

Viele Manager haben die Einfachheit nicht auf ihrer Liste der Prioritäten. Zum einen wirkt aus ihrer Sicht das, was kompliziert ist, auch beeindruckend. Albert Einstein fragte sich oftmals mit Erstaunen: „Woher kommt es, dass mich niemand versteht und jeder mag?"[9] Zu oft wird versucht, in die Rolle von Einstein zu schlüpfen und durch Unverständlichkeit und übertrieben verschlungene Darstellung Eindruck zu machen und Akzeptanz zu bekommen. Manager und MBA-Studenten meinen, wenn sie etwas zu einfach darstellen, werden sie nicht ernst genommen. Umgekehrt sollte es sein. Nach Steve Jobs ist die *„Einfachheit die höchste Form der Raffinesse"*.[10]

---

[7] *Gladwelll M., Blink, the power of thinking without thinking, Back Bad books, New York, 2007.*

[8] *Gilgerenzer G., Bauchentscheidungen, Goldmann, München, 2008, S. 130ff*

[9] *Schuh B., 50 Klassiker der Naturwissenschaften, Verlag Gerstenberg Hildesheim, 2009, S. 220*

[10] *Isaacson, a.a.O., S.154*

Allerdings: Auch wenn wir es wollten, es ist schwierig und zeitaufwendig, einfach zu sein. Es ist schwer, die komplexe Welt auf simple Regeln zu reduzieren. Einfachheit ist rätselhaft und geistreich. Immer wieder zitiert wird Johann Wolfgang von Goethe, der in einem – zu lang geratenen – Brief an einen Freund treffend feststellte: *„Lieber Freund, ich entschuldige mich für den viel zu lang geratenen Brief – aber ich hatte keine Zeit, einen kurzen zu schreiben."*[11]

Warum wurden Jack Welch und Steve Jobs zu Ikonen des Managements? Weil ihre Strategien auf Bierdeckel passten. Warum sind klassische Modelle wie SWOT, die BCG-Matrix oder die „Fünf Kräfte nach Porter" so populär? Sie verfügen über einen überzeugenden Inhalt, der mit intelligenter Einfachheit und eleganter distinktiver Klarheit verbunden ist.

Einige Denkanstöße zum Vereinfachen:

- **Strukturieren** ist die wichtigste Voraussetzung des Vereinfachens. Wir versuchen, ohne Umwege zu einfachen Inhalten – der Leitstruktur – zu kommen, die wir verständlich kommunizieren können. (Kapitel 4)
- Auch in der Wirtschaft gibt es ein **Hebelprinzip.** Mit dem geeigneten Hebel kann viel bewegt werden. Wir konzentrieren uns ausschließlich auf diese Hebel und nicht auf die vielen Nebensächlichkeiten. Pareto, ABC-Kurve und Eisenhower-Prinzip bauen auf diesem Prinzip auf.
- Eine Erkenntnis aus der Psychologie besagt, dass **die Zahl Sieben** eine gewisse Barriere für unsere Erkenntnisfähigkeit darstellt. Über sieben Kriterien, Beispiele, Parameter hinaus tut sich der Mensch schwer, den Geschehnissen zu folgen. Er ist überfordert. Er verliert die Übersicht. Der einzelne Mensch ist nicht in der Lage, mehr als sieben Kriterien zu benennen oder sich an sie zu erinnern. Es wird unklar, was Ursache und was Wirkung ist. Es kann nicht eingeschätzt werden, worin die Wechselbeziehungen zwischen mehr als sieben Kriterien bestehen. Auch wenn es dafür ggf. perfekte Systeme gibt, bleiben diese undurchschaubar und wir können sie anderen nicht erklären. 1956 veröffentlichte G. A. Miller einen Artikel mit dem Titel *„The Magical Number 7, Plus or Minus Two: Some Limits on Our Capacity for Processing Information",*[12] in dem er zu dem Fazit kam, dass die Gedächtnisspanne des Menschen einen Umfang von 7 plus/minus 2 hat. Schon der große Philosoph John Locke[13] entdeckte vor fast 350 Jahren das sogenannte *„seven phenomenon",* als er das Auffassungsvermögen eines Erwachsenen untersuchte. Er stellte fest, dass Testpersonen, die eine größere Anzahl

---

[11] *Für dieses Zitat gibt es viele Zuordnungen, Goethe, Marx, Pascal u. a.*
[12] *Miller GA, The magical number 7, plus or minus two, Psychol. Review, 63, 1956, S. 81–97.*
[13] *John Locke (1632–1704), englischer Philosoph, Vater des Liberalismus.*

von Gegenständen einen kurzen Augenblick lang sehen und sich anschließend an diese erinnern müssen, bei bis zu sieben Objekten eine Trefferquote von fast hundert Prozent haben. Bei mehr als sieben Gegenständen kommt es zu einem schlagartigen Abfall der Quote.

- Der Chemiker Justus von Liebig[14] wandte das **Gesetz vom Minimum** an. Was am meisten fehlt, bestimmt in der Landwirtschaft den Ertrag. Der Durchschnitt macht keinen Sinn. Wenn Wasser oder Phosphor nicht ausreichend sind, wächst nichts. Die Abbildung des Fasses zeigt die schon von Liebig genutzte Grafik. Die kürzeste Daube ist maßgeblich für den Inhalt. Dieses Vorgehen wird von Verhaltensforschern als „partielle Ignoranz" bezeichnet. Alles andere ist mehr oder weniger sekundär.

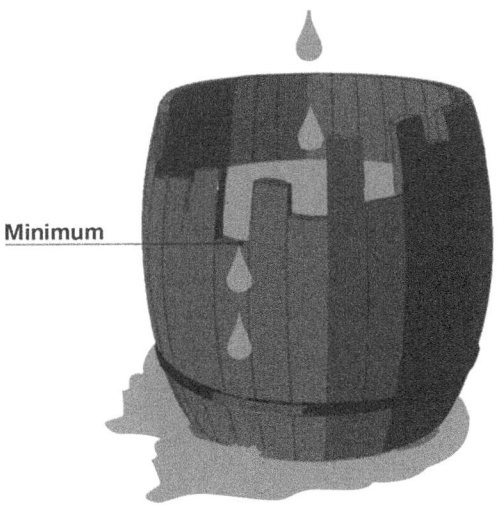

Minimum

- Umgekehrt gibt es auch das **„Take the best"-Prinzip**. Wir basieren unser strategisches Denken auf einen bevorzugten Faktor und nicht auf viele Faktoren. Wenn dieser Faktor noch nicht eine eindeutige Entscheidung ermöglicht, nehmen wir den nächstbesten dazu. Gigerenzer wies nach, dass dieses einfache Verfahren einer multiplen Regressionsanalyse überlegen ist.[15] **Je mehr Variablen** einbezogen werden, umso mehr beschäftigen sich „die Strategen" mit **Randerscheinungen**.
- Es mag trivial sein, aber auch **Vorgaben für strategische Präsentationen** können zur Vereinfachung beitragen. Wir kennen sehr große Unternehmen, wo fünf

---

[14] *Justus von Liebig (1803–1873), deutscher Chemiker, Mitbegründer der organischen Chemie, wurde darüber hinaus durch solch volkstümliche Produkte berühmt wie Backpulver, Suppenwürze und Babynahrung.*

[15] *Gigerenzer, a.a.O., S. 94.*

PowerPoint-Seiten die einschränkende Vorgabe für strategische Ideen sind. Ein großes Ölunternehmen legt dies sogar in seinen Leitlinien der Unternehmensführung fest. Der Zwang zur Vereinfachung ergibt sich von selbst.

- Schließlich kann die Unternehmenskultur zur Vereinfachung beitragen. Eine **Kultur der einfachen Regeln**, der einfachen Sprache und der Offenheit ist hilfreich.

Die „magische Sieben“, „take the best“, das Minimumprinzip, „partielle Ignoranz“, einfache Regeln und simple Begrenzungen sind Grundsätze, die relativ leicht verinnerlicht werden können. Sie helfen einem guten Wirtschaftsstrategen, vom Ganzen auszugehen, dieses zu strukturieren und dann die wenigen kritischen Faktoren zu finden, auf die er sich konzentriert. *„An important duty of any leader is to absorb a large part of complexity and ambiguity passing on to the organization a simpler problem.“*[16] Das ist strategisches Management.

Für die **künstliche Intelligenz** ist es trivial, diese Regel zu verinnerlichen und anzuwenden. Alles kann von ihr einfach und elegant dargestellt werden. Allerdings ist gleichzeitig ihr Bestreben, vieles in sich aufzunehmen, auch Kompliziertes zu erfassen, nicht zu ignorieren. Der Nutzer möchte das Potenzial der KI nutzen, die Datenmassen, die geschaffen wurden, in den Ring werfen. Er will nicht die Datenzufuhr und die Algorithmen vereinfachen, nur um zu einprägsamen Aussagen zu gelangen. Das Ergebnis des **Widerstreits zwischen Einfachheit und Totalität** wird sein, dass uns vieles unklar bleibt, was hinter den anschaulichen Vereinfachungen, hinter Bildern, Worten und Zahlen steht.

Es ergibt sich eine Situation, die wir aus dem Alltag kennen. Wir verinnerlichen Dinge, wissen aber nicht, was dahintersteht. Uns ist bekannt, dass Alkohol ungesund ist, wir wissen aber nicht genau, warum. Wir spüren, dass es regnen wird. Die Hintergründe bleiben für uns intransparent.

Die KI empfiehlt, dass wir organisch wachsen oder Unternehmensteile abstoßen oder unsere Marke stärken sollen. Falls wir den Computer nach dem Warum fragen, wird er aus großen Datenmassen eine komplexe Sensitivitätsanalyse und Optima der linearen und dynamischen Programmierung auswerfen, die uns verwirren.

Wir haben diese Black Box und die Versuche, sie zu öffnen, schon an anderer Stelle genannt.[17] Das Ergebnis des Strategiechecks kann anschaulich dargestellt werden. Die Hintergründe bleiben in dieser Black Box. Tatsache ist: **Je umfassender die KI uns hilft, umso undurchsichtiger wird sie. Mehr Daten, umfassendere Algorithmen, weniger Transparenz.**

Shelly Fan stellt fest, dass *„KI-Systeme noch immer nicht ihre – richtigen oder falschen – Entscheidungen erklären können – nicht mal ihren Programmierern“* (Fan 2019).

Wo wird uns das hinführen? Werden Unternehmenslenker KI-basierte Strategien ablehnen, weil sie nicht mehr nachvollziehbar sind? Werden sie zur Manipulation eingesetzt, indem man die undurchsichtigen Algorithmen unkontrolliert verändert? Oder betet man

---

[16]*Rumelt R., Good strategy bad strategy, Profile books, London, 2012, S. 111.*
[17]*Vgl. 2. Kapitel.*

die KI als Götzen an und huldigt blind ihren Ergebnissen? Letzteres würde darauf hinaus-
laufen, dass die Programmierer und Beherrscher der Maschinen zu den wahren Strategen
werden könnten.

Eine Analogie aus der Physik: **Einstein hat die Newton'sche Gravitation** „ad ab-
surdum" geführt. Ein Denkmal wurde abgerissen. Dennoch lehren, lobpreisen und verinnerlichen wir Newton[18] noch heute, weil er einfach und transparent ist. Wir akzeptieren die
Ungenauigkeiten bei Newton und leben mit ihnen. Bei der Strategiefindung würde oft
auch ein Newton'scher Ansatz ausreichen. Einstein überfordert und ist in einer Welt der
Unsicherheiten in Zeit und Raum nicht angebracht. Das hieße die KI von ihrem Sockel zu
zerren und weiter mit klassischen Ansätzen zu arbeiten, die im Wesentlichen mit den vier
Grundrechenarten und begrenzten Datenmengen auskommen. Kaum vorstellbar. Wir wollen Einstein. Wir lechzen nach dem Totalitätsansatz der KI.

Die KI schüttelt eine einfache und anschauliche Darstellung aus dem Ärmel. Hinter
dieser Einfachheit steht ein undurchsichtiger schwarzer Nebel. Die Sonne der Einfachheit
kann ihn nicht durchdringen.

Regel 3: Der Stratege muss von der Gesamtheit ausgehen

Denkansätze, die versuchen, strategische Fragen von vornherein in einen engen Rahmen
zu drängen, sind nicht zielführend. Ganzheitlichkeit muss der Ausgangspunkt sein – es ist
holistisch vorzugehen. Griechenland oder Island haben nur marginale Anteile am Sozial-
produkt[19] der Welt, dennoch könnten Erschütterungen in diesen Ländern das globale Kar-
tenhaus ins Wanken bringen. Die Risikoanalyse von Finanzinstituten muss diese „margi-
nalen Größen" berücksichtigen.

Der Ansatz des ganzheitlichen Betrachtens wird mitunter mit dem sog. Schmetter-
lingseffekt, dem Schneeballeffekt oder dem Dominoeffekt umschrieben. Laut Schmetter-
lingseffekt kann der Flügelschlag eines Schmetterlings in Brasilien einen Tornado in Texas
auslösen. Beim Schneeballeffekt geht es um eine sich beschleunigende Kettenreaktion.
Beim Dominoeffekt geht es um etwas Ähnliches, allerdings ohne Beschleunigung. Bei
allen drei Effekten charakterisiert eine zeitliche Abfolge das Geschehen. Änderungen in
den Anfangsbedingungen führen im weiteren Verlauf zu radikalen Veränderungen im gesamten System. Das ist nicht das, was wir mit Ganzheitlichkeit meinen. Wenn wir in solchen Bildern denken, kommt der Ganzheitlichkeit der Kartenhauseffekt am nächsten. Eine
Karte wird gezogen und das Haus stürzt ein. Allerdings verbindet sich mit dem Karten-
haus die Assoziation, dass etwas zusammenfällt. Bei der Ganzheitlichkeit fällt nichts zu-

---

[18] *Sir Isaac Newton (1642/1643–1726/1727) war ein englischer Naturforscher. Er wird durch seine
Beiträge zur Physik und Mathematik von vielen als der größte Naturwissenschaftler aller Zeiten
angesehen.*

[19] *Griechenland hat weniger als ein halbes Prozent, Island rund ein fünfzigstel Prozent am Sozial-
produkt der Erde.*

sammen, sondern es geht um ein vollständiges Bild, das zu schaffen ist und das alle wesentlichen Teile und deren Beziehungen zueinander einbezieht.

Es gibt nur eine Welt und diese ist ein Ganzes. In Natur und Gesellschaft geschieht nichts, was nicht in einer Verbindung mit diesem Ganzen steht. Und dieses Ganze ist – wie es schon Aristoteles und Platon postulierten – mehr als die Summe seiner Teile. Insofern führen Monokausalitäten, die das Ganze ignorieren, zu falschen Erkenntnissen.

Dass wir beim Durchdringen dieses Ganzen an Erkenntnisgrenzen stoßen, liegt auf der Hand. Das Ganze wird uns nie vollkommen klar werden. Krishnamurti[20] stellt fest: *„Wenn das Denken das Ganze sehen könnte, dann wäre es das Ganze, es würde sich nicht bemühen, das Ganze zu sein. "*

So können wir das Ganze nie vollständig verstehen, müssen jedoch stets von ihm ausgehen. Anders gesagt: Wir müssen die Sachverhalte zwar „holistisch" auslegen, können dann allerdings nur „heuristisch" handeln. Das Streben nach Ganzheitlichkeit ist das Wesentliche, nicht die Ganzheitlichkeit selbst.

Fabel von den fünf blinden indischen Weisen

Von den fünf blinden indischen Weisen, die das Wesen eines Elefanten beschreiben sollten, fasste der erste Weise an das Bein des Elefanten und meinte, das Tier sei wie ein Baum. Der zweite erfasste den Rüssel und widersprach. Er verkündete, dass der Elefant wie eine Schlange sei. Nach längerem Betasten des Körpers versuchte der dritte, den Streit zu schlichten. „Ihr seid beide im Irrtum. Der Elefant ist wie eine Mauer." Der vierte Weise begegnete dem Ohr des Tieres und kam zu dem Schluss, dass der Elefant wie ein großes Blatt sei. Der fünfte erfasste den Schwanz und widersprach allen. „Der Elefant ist wie ein Seil." Alle hatten recht, und keiner hat sich der Wahrheit genähert, sie haben nicht ganzheitlich an die Sache herangehen können.

Die Managementliteratur liefert Tausende von Strategieansätzen und Instrumenten. Die meisten heben einen Teilaspekt hervor und sind in unserem Sinne „monokausal". Die Strategien der Kostenführerschaft, der Differenzierung, der Fokussierung (Michael Porter),

---

[20] *Jiddu Krishnamurti (1895–1986), indischer Philosoph und spiritueller Lehrer.*

der hybriden Innovation und des Outpacing (Gilbert/Strebel), der Ressourcenorientierung aufbauend auf Kernkompetenzen (Hamel[21]/Prahalad[22]), des Denkens im 3C-Dreieck von Customers, Competition und Company (Ohmae)[23] sind die wohl bekanntesten Ansätze. Sie machen alle nur Sinn, wenn sie sich als eine Vereinfachung des Ganzen sehen und nicht als exklusive (monokausale) Strategiemethoden.

Die Ganzheitlichkeit hat für die Strategiefindungen zwei praktische Seiten: eine methodische und eine inhaltliche.

Methodisch kann man sich der Ganzheitlichkeit nähern, indem man versucht, sich mit allgemeinen Fragen zu beschäftigen, die ein Problem weitgehend erfassen.[24] Die Beantwortung der folgenden Fragen verhindert einen monokausalen Ansatz:

- Auf welchem **Mechanismus** beruht der Weg zum Ziel (das Strategieproblem)? Wie scheint dieser Mechanismus zu arbeiten? Wie können wir das Problem verfolgen?
- Welche **Querverbindungen** gibt es zu anderen Problemen?
- Was sind die verschiedenen **Interessen**, die hinter den Zielen stehen?
- Wo liegen die **Wurzeln** des Problems? Auf welchen Wegen könnte es entstanden sein?

Mechanismen, Querverbindungen, Interessen sowie Wurzeln – all diese Fragen gehen über einen monokausalen Ansatz hinaus. Sie stellen die Strategie in einen Gesamtkontext. Je komplexer unser Umfeld wird und je schneller wir uns auf Veränderungen einstellen müssen, umso wichtiger wird es, über den Rand des Weges hinauszuschauen und einen Gesamtkontext zu finden.

Inhaltlich gibt es konkrete Themen und Fragestellungen, welche bei jeder wirtschaftsorientierten Strategiebildung berücksichtigt werden sollten. Sie sind die Basis, um sich der Ganzheitlichkeit nähern zu können. Wichtige grundsätzliche Problemfelder:

- Beschäftigung versus Effizienz
- Arbeitsinhalt versus Arbeitsergebnisse
- Nachhaltigkeit versus Ressourcenbedarf
- Stakeholder versus Shareholder
- Global versus lokal

---

[21] *Gary Hamel (geb. 1954) gilt als einer der einflussreichsten Managementdenker. Er entwickelte mit C. K. Prahalad das Konzept der Kernkompetenzen.*

[22] *C. K. Prahalad (1941–2010), indisch-amerikanischer Managementvordenker, der in erster Linie für seine Arbeit im Bereich der Unternehmensstrategie bekannt ist, insbesondere für die Entwicklung des Konzepts der Kernkompetenz in Zusammenarbeit mit Gary Hamel.*

[23] *Ohmae Kenichi (geb. 1943), „Mr. Strategy" in Japan, prägte viele gebräuchliche Managementbegriffe wie „just in time" oder das 3C-Modell.*

[24] *Der Verhaltensforscher Nikolaas Tinbergen (1907–1988), ein Nobelpreisträger für Medizin, stellte einen ähnlichen Fragenkatalog auf, der zum Erfassen des Individualverhaltens gedacht war.*

- Kooperation versus Wettbewerb
- Regulierung versus laissez faire[25]
- Langfristige Ergebnisse versus kurzfristige Ergebnisse
- Risiko versus Berechenbarkeit
- Innovation versus „best practice"
- Kreativität versus Linearität
- Organisches Wachstum versus Akquisitionen
- Fokussiert versus integriert

Die künstliche Intelligenz kann uns helfen, der Ganzheitlichkeit näherzukommen.
Mit „Big Data" sind wir auf dem besten Wege dazu. Wir sind auch hier dabei, von Stufe I
(der Datenerfassung und -bündelung) zur Stufe II des maschinellen Lernens und schließlich des Deep Learnings zu kommen. Stufe I ist statisch, Stufe II hilft, Schlussfolgerungen
für die Zukunft zu ziehen. Stufe I würde noch nicht an Aristoteles und Platon heranrei-
chen – das Ganze ist mehr als die Summe seiner Teile –, mit Stufe II wäre es denkbar.

Ein triviales Beispiel: Ein Mosaikstein der Strategiefindung ist stets die Frage, ob der
Weg zum Erfolg aus eigener Kraft – organisches Wachstum – oder durch gekaufte Kraft –
Akquisitionen – erfolgt.

KI-Stufe I (Jäger, Sammler, Sortierer, Bündler) wird aus der Vergangenheit uns rele-
vante Beispiele aus unserer Industrie liefern. Wir können daraus ableiten, ob im Allgemeinen das organische Wachstum bzw. Akquisitionen erfolgversprechender sind. Eine inter-
essante Aussage, die allerdings weder die Veränderungen der Zukunft abbildet noch die
organisatorischen Bedingungen für erfolgreiche Integrationen von zugekauften Firmen
berücksichtigt. Aber sie führt uns der Ganzheitlichkeit einen Schritt näher.

KI-Stufe II (lernend) – wird selbst Schlussfolgerungen ziehen, aus den Erfolgen und
Misserfolgen lernen. Was waren die Rahmenbedingungen der erfolgreichen Unternehmen? Was sind die wahrscheinlichsten Veränderungen in der Zukunft? Auf welche Bedingungen treffen diese Ergebnisse in unserem eigenen Unternehmen? Ergibt sich aus der
Simulation von Rahmenbedingungen und erwarteten Veränderungen für die Zukunft ein
eindeutiger Trend? Das wirtschaftlich-technische Element der Ganzheitlichkeit wird so
abgearbeitet. Die nächste Ebene könnte sein, dieses Element mit anderen Fragen – wie
Stakeholder- versus Shareholderinteressen oder Regulierung versus laissez faire – zu ver-
knüpfen. Ein kurzfristig kaum vorstellbarer Ablauf. Langfristig denkbar.

**Die Regel der Ganzheitlichkeit ist ein Terrain, wo die KI einen großen Beitrag leis-
ten kann – in zunehmendem Maße auch im Sinne von Aristoteles und Platon (s. o.).**
Ungeachtet dessen ist auch hier eine Einschränkung notwendig. Die KI wird nie die
perfekte Deduktion abwickeln können, die perfekte Holistik liefern. Sie wird immer Re-

---

[25] *Seit dem 18. Jahrhundert gängiger sozialwissenschaftlicher Begriff aus dem Französischen,
„Lasst machen". Slogan für den Aufruf an den Staat, nicht in wirtschaftliche Vorgänge zu inter-
venieren.*

duktionismus beinhalten, nicht einfach „top down" voranschreiten. Durch die Masse der Atome, die sie zusammenführt, kommt sie einem „holistischen Molekül" nur näher. Sie wird sich dem Ziel der Ganzheitlichkeit asymptotisch nähern. Und das selbstlernend.

Experten werden hier die Kategorie des *Deep Reinforcement Learning* in den Ring werfen. „Deep" als die Fähigkeit, komplexeste Situationen zu erfassen. „Reinforcement" unterstützt dies durch ein Belohnungssystem,[26] durch das die KI die Komplexität zu durchdringen und immer mehr Verbindungsglieder einzubringen versucht.[27]

Regel 4: Strategiefindung muss Lernfähig, Flexibel, Anpassungsfähig sein

Die Strategie ist kein Punkt, schon eher eine Linie, aber meist ein Geflecht verschiedenster Verbindungen und Abhängigkeiten. Sie ist kein fester Pol, nach dem sich der Kompass unerschütterlich richten kann. Es gibt keine genaue Landung am Ende des Denkprozesses.

Reaktionsvermögen gilt

- **auf der Ergebnisseite:** Das Ergebnis, das strategische Konzept muss an die sich verändernden Bedingungen angepasst werden.
- **auf der Prozessseite:** Der Weg zur Strategie ist nicht fest vorgezeichnet, sondern ist ein Such- und Lernprozess.

Henry Mintzberg[28] vergleicht eine Strategie mit dem Segeln: Der Skipper steuert, nutzt Winde, das Boot wird durch Strömungen abgetrieben, hat mit der Wetterlage zu kämpfen und dementsprechend müssen immer wieder die Segel justiert und die Ruder angepasst werden. Das Segelboot ist das Unternehmen. Sein Kurs ist die Strategie der Firma. Der Skipper legt nicht nur den idealen Kurs fest und steuert das Boot, sondern nutzt Kartenmaterial, Logbuch, Sextant, GPS, Radar und andere technische Geräte, um seinen Standort und die Richtung während der Reise zu bestimmen. Es ist aber nicht der Wind, der den Kurs bestimmt, sondern das Setzen der Segel und das Navigieren.

---

[26] *Für uns Nichtexperten ist ein Belohnungssystem eine übergeordnete Funktion, die der Computer maximieren muss. Dazu werden die Ergebnisse von Unterfunktionen eingespielt. Eine solche Unterfunktion könnte sein, die Ursachen und Wirkungen von ökonomischen Sachverhalten immer vollständiger zu erfassen.*

[27] *Wir müssen hier erwähnen, dass wir solche Belohnungssysteme für gefährlich halten. Vorn positionierten wir uns dazu, dass Superintelligenz, Singularität, der evolutionäre Sprung nur durch Zufall erfolgen können. Eine intransparente Programmierung solcher Belohnungssysteme – viele Schleifen und Rückkopplungen, parallele Ziele, unethische Ziele, unlogische Algorithmen – kann den Computer nach Optima suchen lassen, die von uns nicht mehr beherrscht werden können. Der Zufall könnte wollen, dass der Computer selbstständig wird, aus dem Programm ausbricht.*

[28] *Scheuss R., Handbuch der Strategien, Campus Verlag, Frankfurt am Main, 2008, S. 19.*

Honda war von den 70er- bis in die 90er-Jahre des letzten Jahrhunderts die für Fallstudien meistgenutzte Firma der Welt. Berühmte Namen der Managementtheorie – Stalk, Hout,[29] Mintzberg, Hamel, Prahalad, Evans[30] – leiteten grundsätzliche Positionen aus der Honda-Story ab.[31] Die beispiellose Erfolgsgeschichte von Honda beim Markteintritt in den USA wurde umfangreich analysiert. Bis auf das schwere Segment, wo die Harley-Davidson dominiert, errangen die Motorräder von Honda bis Anfang der 80er-Jahre eine marktbestimmende Stellung. Diese Erfolgsstory war so frappierend und so gut mit Zahlen belegbar, dass sich unzählige Business Schools und Berater auf sie stürzten.

Das Ergebnis ist ein Lehrbeispiel für unterschiedliche Interpretationen eines Unternehmenserfolges. Mair beschreibt sieben unterschiedliche theoretische Positionen. Für uns sind hier **zwei Grundpositionen** wichtig:

- Hinter der Erfolgsgeschichte stand eine feste Strategie, ein wohldurchdachter Weg zum Ziel der Marktführerschaft. Ein Konzept wurde verwirklicht.
- Hinter dem Erfolg von Honda stand vor allem ein Lernprozess. Sie wollten den USA-Markt erobern, aber lernten erst auf dem Weg zum Ziel, wie man die Segel des Schiffes dazu setzen musste.

Die Mehrzahl der strategischen Denker unterstützte den ersten Standpunkt. Pascale[32] ist der Hauptvertreter der zweiten Position. Er interpretierte die Honda-Story als einen Prozess des Lernens. Aufbauend auf einem klaren Ziel – Eroberung des amerikanischen Marktes – passte nach Pascale Honda seinen Weg zu diesem Ziel – seine Strategie – laufend an. Für Pascal existierte kein klares Konzept der Marktführerschaft beispielsweise durch Kostenvorteile. Es gab für ihn keine unerschütterliche Strategie.

Pascales Argumentation ist für uns schlüssiger und überzeugender als die Positionen des festen Grundkonzepts.

Allerdings dürfen Anpassung und Lernfähigkeit nicht als opportunistische Konzeptionslosigkeit interpretiert werden. Wenn sich das Wetter dramatisch ändert, muss auch das Konzept angepasst werden. Solange nur ein leichter Wind aufkommt, sollte man am Kurs festhalten und braucht das Segel nicht neu zu setzen.[33]

Gut wird diese Dialektik zwischen Anpassung und Festhalten durch Daimler und Reeves mit ihrem Plädoyer für den *Adaptive Advantage* erfasst.[34] *„Adaptive advantage is rooted in five adaptive capabilities"*:

---

[29] *Stalk und Hout sind ehemalige Seniorpartner der Boston Consulting Group. Von ihnen stammt der Bestseller „Competing Against Time" (1990).*

[30] *Philip Evans ist ehemaliger Seniorpartner der Boston Consulting Group, von ihm stammt der Bestseller „Blown to Bits" (2000).*

[31] *Mair A., Learning from Japan,?, Nissan Occasional paper series, No. 29 1999.*

[32] *Richard Pascale, geb. 1938, Autor, Business Consultant, Lehrer in Stanford und Oxford, bekannt für seine Publikationen zur Industrieentwicklung in Japan.*

[33] *Pascale R., The Honad effect, revisite, California Manager Review 38 (4), 1996, S. 34ff.*

[34] *Reeves und Daimler, Adaptibility, The new competitive advantage, HBR, Boston, 2011.*

- *Signal Advantage – the ability to read and act on change signals*
- *Experimentation Advantage – the ability to experiment rapidly and economically to learn new and better ways of coping with change*
- *Organizational Advantage – the ability to organize in ways that promote adaptation, including enhancing knowledge flow, diversity, risk taking, collaboration, and flexibility*
- *Systems Advantage – the ability to harness the diversity and adaptive potential of multicompany ecosystems*
- *Ecosocial Advantage – the ability to continuously adapt the business model to changes in the ecological, social, and economic spheres over both the short and long term*

__Eine afrikanische Fabel soll zeigen, dass die Lernfähigkeit nicht zur prinzipienlosen ständigen Anpassung führen darf.__ Vor langer Zeit brach zwischen den Vögeln und den Säugetieren ein heftiger Krieg aus. Während alle Tiere erbittert gegeneinander kämpften, zog sich die Fledermaus in einen hohlen Baum zurück und dachte: „Ich will erst einmal abwarten, welche Seite gewinnt; denn niemand von den Tieren kennt mich genau und weiß, wer ich bin. Die einen behaupten, ich sei ein Landtier, und die anderen sagen, ich sei ein Vogel. Das Beste ist, ich warte das Ende des Streites ab und schlage mich dann auf die Seite der Sieger." Aufmerksam verfolgte sie den erbitterten Kampf zwischen beiden Heeren. Auf einmal schien es ihr, als würden die Vögel siegen. Flink flatterte sie aus ihrem sicheren Versteck und wollte sich schon unter die gefiederten Krieger mischen, als sie sich plötzlich besann: „Vorsicht! Nur nichts überstürzen", sagte sie zu sich und schwirrte zum Baum zurück. „Ich will mich ihnen erst anschließen, wenn der Kampf endgültig entschieden ist." Das Kriegsglück schlug um, und die Säugetiere drängten die Soldaten der Luft mächtig zurück. „Ha! Wie gut, dass ich gewartet habe!", freute sich die Fledermaus und hüpfte zu den Landtieren. „Schaut mich an!", rief sie. „Ich gehöre zu euch. Mein Gebiss ist das eines Raubtieres, mein Gesicht ähnelt dem Affen, und außerdem säuge ich meine Jungen mit Milch. Ich will euch helfen. Lasst mich auf eurer Seite kämpfen!" Und sie schwor den Säugetieren unbedingte Treue. Der Affe legte bei seinen Kameraden ein gutes Wort für die Fledermaus ein, und sie wurde mit Ehren aufgenommen. Die mutigen Vögel wehrten sich unter der geschickten Führung des Adlers verbissen gegen ihre Feinde, schließlich wechselte das Glück auf ihre Seite, und sie gewannen die Schlacht. Da befiel die Fledermaus eine panische Angst. In ihrer Furcht spürte sie schon den tödlichen Dolch des Adlers. Eilig floh sie in die Berge, verbarg sich in einer finsteren Höhle und wagte nicht einmal mit den Augen zu blinzeln, ob ihr jemand gefolgt war. Seit dieser Zeit versteckt sich die Fledermaus tagsüber in Ritzen, Löchern und Höhlen und wagt sich nur des Nachts heraus, wenn die meisten Tiere schlafen.

Die künstliche Intelligenz wird a priori mit dem Terminus Lernfähigkeit verbunden. Sie ist die personifizierte Lernfähigkeit. Die in der Honda-Story beschriebene Lernfähigkeit ist eine Anpassung der Strategie an sich verändernde Bedingungen. Die KI lernt dagegen nicht nur aus sich verändernden Bedingungen, sondern auch aus sich selbst und aus den Denk- und Handlungsabläufen des Menschen (Deep Learning). Dieses „Mehrlernen" kann für die Anpassung von Strategien nur von Nutzen sein.

Sehr vereinfacht: Im Falle von Hondas Anpassung ergab sich aus der Situation, dass neue Marketingkanäle, zusätzliche Investitionen oder eine veränderte Supply Chain sinnvoll waren. Es wurden Ex-post-Situationen wahrgenommen und dann gehandelt. Die KI könnte zeitlich den Prozess verschieben. Das Wahrnehmen präjudizieren und dadurch Ressourcen sparen. Simulationen, Deep Learning werden sie dazu in die Lage versetzen.

In jedem Falle wird KI so die Flexibilität, die Anpassung der Strategie wesentlich erhöhen. Schon auf Stufe I ist es ein Leichtes, Hunderte von Strategiefällen der Vergangenheit für verschiedene Situationen anzuzeigen. Daraus wird ein Muster für die notwendigen Anpassungen entwickelt. Dieses zeigt dem Strategen eine wahrscheinlich erfolgreiche Handlungsrichtung. Auf Stufe II ergibt sich die Anpassung von selbst.

Bei diesen Überlegungen gehen wir stets vom Idealbild des funktionierenden Algorithmus aus. In zumindest zwei Konstellationen **kann die Anpassung zum Desaster führen.**

- Nehmen wir das berühmte, viel zitierte Beispiel des Tesla im Jahre 2016, der im autonomen Modus fuhr. Er verkannte einen Sattelschlepper und passte sich falsch an. Die Farbe des Sattelschleppers war für ihn der Himmel und kein Hindernis. Für unseren KI-Strategen heißt das, er schätzt das Umfeld falsch ein und kommt zu fehlerhaften Vorschlägen mit womöglich extremen Auswirkungen.

  Veranschaulichung: Eine Brauerei verkannte die Situation in der Coronavirus-Krise. Sie ging davon aus, dass der Bierprokopfverbrauch steigen würde, da viele Menschen in ihren Wohnungen bleiben mussten und Zeit zum Konsum hatten. Die Brauerei beachtete nicht, dass der fehlende Gaststättenabsatz für den Bierverbrauch entscheidend war. Das Hochfahren der Produktion auf Rekordhöhen führte zu Lagerbeständen, die das Unternehmen nicht mehr finanzieren konnte.

- Im zweiten Fall hatte die KI nicht eine falsche Brille auf, sondern wurde falsch eingestellt. Die Brille ist gut, aber die Konsequenzen, die gezogen werden, sind falsch. Das autonome Auto, das im Jahr 2018 eine Frau tötete, sah die Frau, erkannte sie als solche, meinte aber, dass sie nicht im Wege sei.

  Veranschaulichung: Unser KI-Stratege sieht, dass die Verschuldungsrate in seiner Bilanz weit über dem Industriedurchschnitt liegt. Er meint jedoch, dass ihn das an der Auszahlung einer hohen Dividende nicht hindern kann. So ging das Unternehmen zugrunde.

All dies ist eine Frage der Datenerfassung und der Steuerungsparameter. Ein durch die Medien ausgestreuter Fehler kann zu Misstrauen über viele Jahre führen. Dies gilt bei selbstfahrenden Autos oder in der Radiologie genauso wie bei strategischen Entscheidungen.

Regel 5: Strategiefindung hat alle Erkenntnisquellen zu nutzen

Es gibt vier Quellen der Erkenntnis – Rationalität, Intuition, Kreativität und Empathie. Hinter diesen Begriffen sehen wir folgende[35] Inhalte:

- **Ratio** ist das aus nachvollziehbaren Gründen erfolgende Verstehen und Handeln.
- **Intuition** ist das aus der Erfahrung geborene gefühlsmäßige Verstehen und Handeln.
- **Kreativität** ist der Gedankenblitz, der Ausbruch aus den langen Wellen des Nachdenkens, die Entdeckung des Neuen.
- **Empathie** steht auf zwei Säulen: **der inneren Empathie** (Charakter und Lebenseinstellung des Strategen, sein Einfühlungsvermögen für Menschen und Organisationen) und **der äußeren Empathie** (Fähigkeit zur Überzeugung, zur Kommunikation).

Der Künstler braucht vor allem Kreativität, der Wissenschaftler viel Rationalität. Bei der Strategiefindung wird alles gebraucht:

- **Ratio** bei der Analyse, bei Berechnungen, bei der Berücksichtigung eindeutiger Abhängigkeiten, beim Ordnen komplexer Systeme.
- **Intuition** in unübersichtlichen und unsicheren Situationen, bei nicht eindeutigen Entscheidungsgrundlagen, beim Erahnen grundsätzlicher Veränderungen in der Zukunft oder wenn wir uns mit einer rationalen Lösung nicht wohlfühlen.
- **Kreativität** schafft Neues, Überraschendes – zur Nutzung des wichtigsten und nachhaltigsten Wettbewerbsvorteils, der positiven Differenzierung.
- **Empathie** bringt emotionale Werte in die Erkenntnis ein; empathische Menschen sind positiver, ausgewogener, kommen zu anderen Entscheidungen als Menschen ohne Empathie und können besser überzeugen.

Die Auffassung, dass das strategische Management auf vier Beinen steht – Ratio, Intuition, Kreativität und Empathie, wird in der Managementliteratur nicht widergespiegelt. Die Ausführungen sind noch immer primär rational angelegt. Ein Symptom dafür ist, dass in den beiden am meisten gelesenen Werken zum Thema Strategie von Grant und Porter[36] in den sehr ausführlichen Indizes die Begriffe Intuition, Kreativität und Empathie überhaupt nicht auftauchen. Dies ist wenig förderlich, da damit ein wesentlicher Teil des strategischen Managements und des Strategieprozesses unberücksichtigt bleibt. Es ist bezeichnend, dass von allen Nobelpreisen für Wirtschaftswissenschaften, die bisher vergeben wurden, nur drei (1976 Herbert Simon, 2002 Daniel Kahneman, 2017 Richard Thaler) an Wissenschaftler gingen, die sich mit der „rechten, irrationalen Gehirnhälfte"

---

[35] *Es gibt wesentlich kompliziertere Auffassungen: solche, die die Empathie als Voraussetzung für Intuition ansehen; solche, die die Kreativität unter die Intuition einordnen, und andere. Wir halten auch hier Einfachheit und Verständlichkeit für wichtiger als unerbittliche begriffliche Präzision.*

[36] *Bei Porter umfasst das Register ca. 1200 Bezüge.*

beschäftigten. Das sind lediglich drei von über 80 Nobelpreisträgern! Dabei ist auch der Entscheidungswissenschaftler Herbert Simon nicht weit entfernt vom „left-brainer", da er sich selbst als *„mathematischen Sozialwissenschaftler"* ansah. Kahneman bekam den Nobelpreis *„für das Einführen von Einsichten der psychologischen Forschung in die Wirtschaftswissenschaft, besonders bezüglich Beurteilungen und Entscheidungen bei Unsicherheit"*. Wenigstens das ist klar die rechte Seite.

In westlichen Kulturkreisen ist seit der Antike die gesellschaftliche Anerkennung für das Rationale höher. Das Rationale wurde der linken Gehirnhälfte zugeordnet. Die „left-brainer" waren bis vor wenigen Jahren die Bevorzugten, die Angesehenen. Fast ausschließlich Ratio war gefragt. Schon die alten Griechen mit Sokrates[37] und Platon an der Spitze lehnten alles ab, was nicht rational war. Platon meinte ganz ohne Umschweife, dass die absolut rationale Welt die perfekte Welt wäre. Sokrates sprach davon, dass ein Verstand, der sich zu viel von Gefühlen lenken lasse, „betrunken", „zerfahren" und „verblendet" sei. Hegel,[38] Newton und Descartes bliesen in das gleiche Horn. Charles Darwin[39] ging sogar so weit, dass typisch rechte (und von ihm vor allem den Frauen zugeordnete) Eigenschaften wie Intuition und anschauliches Denken (Imagination) Charakteristika niedriger Rassen und Zivilisationen seien.

Es ist kein Zufall, dass – zumindest in Europa – bis heute das Wort **„irrational"** negativ belegt ist. **Wir werden es hier vollkommen wertfrei in Abgrenzung zur Rationalität als Überbegriff für Intuition, Kreativität und Empathie verwenden.**

Nur wenige, wie die britischen Empiristen David Hume und John Locke, stellten sich gegen die absolute Dominanz der Ratio. Auch in der Zeit der Renaissance und während der kurzen Periode der Romantik im 19. Jahrhundert wurde der Vorrang des „Linken" infrage gestellt. In Asien stützten der Taoismus (Laotse) und der Buddhismus nie das Primat der Rationalität, wie es in den westlichen Kulturen üblich war und auch heute noch verbreitet ist.

Das Gesamtbild der letzten viertausend Jahre ergibt so für die Kultur des Abendlandes eine deutlich höhere Wertschätzung der „Linksdenker". Daniel Kahneman spricht davon, dass die Menschen bis in die 70er-Jahre des letzten Jahrhunderts „grundsätzlich als rational"[40] angese-

---

[37] *Sokrates (469–399 v. Chr.) und Platon (428/427–348/347 v. Chr.) gelten gemeinsam mit Aristoteles (384–322 v. Chr.) als Titanen der antiken Philosophie. Sie beeinflussten das Geistesleben der Neuzeit maßgeblich.*

[38] *Georg Wilhelm Friedrich Hegel (1770–1831), deutscher Philosoph, der als wichtigster Vertreter des deutschen Idealismus gilt.*

[39] *Charles Darwin (1809–1882), einer der bedeutendsten Naturwissenschaftler der Menschheitsgeschichte; Darwin erkannte, dass der „Konkurrenzkampf" (die Selektion) der Arten ein wichtiges Überlebens- und Auswahlprinzip in der Natur ist. Diese Theorie wurde vielfach auch auf die Wirtschaft übertragen. Die Theorie des Sozialdarwinismus (Übertragung von biologischen Gesetzen auf die menschliche Gesellschaft) erscheint heute als überholt, die Dominanz des Wettbewerbs als Überlebensprinzip auf dem Markt wird von den meisten Wirtschaftswissenschaftlern und Managern dagegen als Grundprinzip akzeptiert. Dabei wird oft Bezug auf Darwin genommen.*

[40] *Kahneman, Thinking fast and slow, Pinguin books, London, 2011, S. 8.*

hen wurden. Der ‚homo oeconomicus' war die Leitfigur der Wirtschaftstheoretiker. Zu unserer Schulzeit wurde der Beste in Mathematik als der Stolz des Gymnasiums gepriesen.

Es war mehr als überfällig, dass Bewegung in diese „linksdominanten" wissenschaftlichen und gesellschaftlichen Auffassungen kommt. Seit wenigen Jahren sind auch die „Rechten" gefragt, sie werden nicht mehr belächelt, sondern erhalten zunehmend Wertschätzung. Das sollte auch für das strategische Management gelten.

Vor allem drei Trends unterstützen die Ausrichtung nach rechts:[41]

Die **Individualisierung** der Nachfrage kann von der Serienproduktion nicht mehr befriedigt werden. Design und Differenzierung sind gefragt. Die bietet die „rechte Seite".

Rationale Fähigkeiten können **exportiert** werden – bisher vor allem nach Asien –, überwiegend als Shared Service Center und Produktionskapazitäten. Die „rechten" Eigenschaften werden dagegen in den westlichen Unternehmen relativ und absolut verstärkt. Innovationen, Design, kreative Lösungen müssen nicht nur gehalten, sondern entwickelt werden.

Die **Digitalisierung** spielt eine bestimmende Rolle. Alle wohlstrukturierten rationalen Abläufe können an den Computer „abgegeben" werden. Er erledigt sie schnell, kostengünstig und zuverlässig. Das Irrationale, die „Rechtsbrainer", kann er nicht über Nacht ersetzen. Die **KI** geht über die bisherige Digitalisierung hinaus. Im Rationalen wird sie bald besser als wir selbst sein. Sie korrigiert sich selbst, sie vereint Erfahrungswerte aus unzähligen Quellen, sie hat keine Grenzen in der Auffassungsgabe, sie simuliert bis ins Unendliche. Widersprüche in der Logik werden gnadenlos beseitigt. Sie ist präzise, viel kompletter als wir. Das Rechte, Weiche, nicht einfach Digitalisierbare fällt ihr dagegen schwer. Intuition und Kreativität mögen an der Pforte stehen, sind aber noch nicht eingetreten. Empathie steht noch weit vor dem Schlund der KI.

Es gibt weitere Treiber, die die rechte Seite unseres Denkens verstärken:

Die **Neurobiologie** stellt mit frappierenden Erkenntnissen die bisherige kulturelle Dominanz der linken Seite infrage.[42] Einige Forscher gehen so weit, die linke Seite unter die rechte Seite zu stellen. Sie ist sozusagen der „Angestellte" der rechten Hirnhälfte. Benjamin Libet zeigte, dass wir rational zu entscheiden meinen, obwohl der Impuls zu einer Handlung schon losgeschickt worden war, bevor wir es rational beschlossen hatten.[43] Wenn wir einen Stift quer zwischen den Zähnen halten und so gezwungen sind zu lachen, sehen wir trotz aller Ratio die Dinge positiver als ohne diesen Stift. Wenn wir eine saure Gurke in den Mund stecken, ist es umgekehrt.

Auch die **Alterung** der Gesellschaft führt zur größeren Wertschätzung der rechten Sphäre. Die großen Beispiele Newton, Goethe und Einstein werden gern zitiert. Sie wurden im Alter philosophisch-tiefschürfend (Newton), bildhaft (Goethe) oder versuchten

---

[41] *Pink führt drei solcher Trends auf, (Pink, A whole new mind, Riverhead Books, New York, 2005).*

[42] *Oliver Sacks stellte 1985 fest, dass bis dato die ganze Geschichte der Neurologie und Neuropsychologie als die Geschichte der Untersuchung der linken Hemisphäre des Gehirns angesehen werden kann.*

[43] *Libet B., Mind time, The temporal factor in consciousness, Harvard University Press, Cambridge, 2004.*

ganzheitlich die Welt zu erfassen (Einstein). Auch ohne diese markanten Beispiele wissen wir, dass die Mehrzahl der älteren Menschen weniger das Quantitative als das Qualitative schätzt. Die Lebenserwartung in den am höchsten entwickelten Ländern lag im 19. Jahrhundert unter fünfzig Jahren, heute liegt sie über achtzig Jahre. In Mitteleuropa ist die Lebenserwartung seit 1840 um vierzig Jahre gestiegen. Etwa um drei Monate hat sich unser Leben Jahr für Jahr verlängert. Älter werden heißt, sich mehr „rechts" zu verhalten. Weisheit und ‚geronnene Erfahrung' gestatten, sich mehr auf die Intuition zu verlassen.

Schließlich unterstützt die „**Feminisierung**" der Gesellschaft das „Rechte". Der britische Psychologe Simon Baron-Cohen vertritt die These, dass Männer sich mehr für Systeme interessieren, weshalb sie besser für mathematische oder mechanische Überlegungen geeignet seien. Frauen hingegen verfügen über größeres empathisches Talent. Unabhängig davon, ob diese Aussagen so pointiert richtig sind, bestätigen die unterschiedlichsten Studien und die Erfahrung, dass Frauen über eine stärkere Ausprägung von rechten Eigenschaften verfügen als Männer. Unaufhaltbar nimmt die Rolle der Frauen in der Gesellschaft, Wirtschaft, Wissenschaft zu. „Rechts" bekommt Rückenwind.

Die „linke Seite" ist uns geläufig. Sie wird durch unzählige Methoden und Konzepte unterlegt. Die rechte, irrationale Seite hat einen riesigen Nachholbedarf in Lehre und Forschung zur Strategie.

> *Eine Geschichte von Kahnemann, die die Irrationalität unterstützt*[44]
> *Kahneman war zu einem Vortrag vor Bankern, die die Vermögen sehr reicher Kunden verwalteten, eingeladen. Um sich vorzubereiten, bat er um die Liste der Ergebnisse und Boni der Banker. Er analysierte sie hinsichtlich der letzten acht Jahre. Es war einfach, die „performance" der einzelnen Banker aneinanderzureihen. Das Ergebnis war eindeutig. Es gab keinerlei Korrelation (0,01), die die personenbezogene Stabilität des Erfolgs über die Zeit nachweisen konnte. Niemand erreichte konsistent bessere Ergebnisse als andere. Die Banker waren stolz auf ihre rationalen Fähigkeiten, ihre Charttechniken und analytischen Geheimnisse. Doch Kahnemans Analyse ergab, dass diese hoch gepriesenen Fähigkeiten eine Illusion waren. Eine Illusion, die ihnen wichtig war und von der sie nicht abließen. Dass ihr – relativer – Erfolg nur dem Zufall und einer glücklichen Hand zu verdanken war, wollten sie nicht anerkennen. Ein kluger HR-Manager würde in eine solche Firma, in der offensichtlich die „leftbrain skills" überschätzt werden bzw. Allgemeingut sind, vor allem Banker mit Empathie einstellen, die möglicherweise einen leichteren Zugang zu neuen, vermögenden Kunden hätten. Er würde auf Tests zu den rationalen Eigenschaften verzichten.*

---

[44] *Kahneman, a.a.O., S. 215f.*

Aus zwei Gründen wollen wir die Aussagen zu den Erkenntnisquellen, zur kognitiven Seite der Strategiefindung vertiefen:

- Hier gibt es im alltäglichen Management und in der Wirtschaftsliteratur eine **Lücke**.
- **Auf der irrationalen Seite ist die Rolle der künstlichen Intelligenz noch nebulös** und in den Kinderschuhen.

Regel 5.1: Einbeziehung der Ratio ist selbstverständlich

Zur abnehmenden Rolle der Ratio haben wir uns gerade positioniert. Ungeachtet dessen ist sie heute die anerkannte Säule der strategischen Entscheidungen. Der Stratege kann intellektuell beeindrucken. Im Management kommt dazu, dass das Rationale nicht sensibel und nicht personenbezogen daherkommt.

Wir haben die schon erwähnten 170 Masterstudenten, Doktoranden und Teilnehmer der Leadership Education[45] gefragt, ob sie die Ratio als entscheidend ansehen. 91 % antworteten mit „Ja". Nicht überraschend. Vor 50 Jahren, als wir zur Schule gingen, wären es wohl 100 % gewesen.

Rationalität und Irrationalität sind sich ergänzende Seiten des strategischen Managements. Die Rationalität dominiert an der Oberfläche, die Irrationalität versteckt.

Die Ratio wurde von uns als das aus nachvollziehbaren Gründen erfolgende Verstehen und Handeln definiert. Zwei Gesichtspunkte sind von Bedeutung:

- Das korrekte Nachdenken
- Die Bereitschaft zum Nachdenken

Das korrekte Nachdenken (Qualität) hat eine theoretisch-abstrakte Ebene und eine praktisch-alltägliche.

Zur ersten Ebene gehören Fragen der **Logik, der Widerspruchsfreiheit**, der mathematisch-statistischen Folgerichtigkeit. Wir halten diese Fragen für überschätzt. Eine akademische Diskussion um die Stärke eines Korrelationskoeffizienten oder um die methodische Richtigkeit des Residualwertes bei der Unternehmenswertberechnung lenkt vom Wesen ab: der Unzuverlässigkeit der Informationen, der Unsicherheit der Zukunft und der Subjektivität der Entscheidung. *„Es ist als ob die närrischen Menschen den Wald vor lauter Bäumen nicht sehen könnten; sie suchen, was ihnen vor der Nase liegt, und was sie bloß deswegen nicht finden, weil sie sich in einer Art von Schneckenlinie immer weiter davon entfernen"*, meinte Wieland,[46] deutscher Philosoph und Dichter.

---

[45] *Siehe Einleitung.*

[46] *Christoph Martin Wieland, 1733–1813, ein Vertreter des im deutschen Sprachraum berühmten „Viergestirn von Weimar" (Goethe, Schiller, Herder, Wieland).*

Die zweite Ebene, das **praktisch-alltägliche korrekte Nachdenken (Prozess)**, umfasst den Weg zu konkreten Schlussfolgerungen. Für das Ziehen falscher Schlussfolgerungen sind uns vor allem drei Ursachen begegnet:

- **Fehlendes inhaltliches Verständnis**, Nachlässigkeit bei der Widerspiegelung von Zusammenhängen, Oberflächlichkeit, Überschätzung vorhandener Informationen.
- **Wunschdenken**, das erkannte Zusammenhänge bewusst oder unbewusst negiert. Das Wunschdenken – ein häufiger Begleiter strategischer Entscheidungen – liegt in der menschlichen Natur. Nietzsche meint, dass „*auch eine Fliege denkt, sie sei das Zentrum der Welt*".[47] Mancher Manager denkt, was er wünscht, muss geschehen, weil es gut für ihn und so für das Unternehmen und die Welt ist. Illusionen, das Wunschdenken oder den Voluntarismus zu beseitigen, wird es immer geben, aber es sind Illusionen.
- **Negieren der Erfahrungen der Vergangenheit.** Die Fehlerquellen der Vergangenheit werden selten analysiert. Man startet immer wieder bei null. Kahneman sieht die Vergangenheitsanalyse sehr kritisch: „*They (the managers) are not investing the smallest amount in trying to actually figure out what they have done …* "[48] Fehlendes Verstehen der Fehler der Vergangenheit ist eine Quelle für Fehler der Zukunft.

Die Bereitschaft zum Nachdenken macht uns fähig, von der Oberfläche in die Tiefe zu steigen. Wir sitzen in Ruhe und ohne Zeitdruck vor einem leeren Blatt Papier und wägen wichtige Fragen ab. Wir überlegen, worin das Problem besteht, welches wir mit einer strategischen Empfehlung lösen wollen. Wir durchdenken die Ganzheit und finden Wege, wie wir sie berücksichtigen und dennoch auflösen können. Wir bestimmen die wichtigsten Dimensionen des Problems – Kunden, Produkte, Regionen, Kosten, Ressourcen, Kernkompetenzen, Bilanzzahlen oder ganz etwas anderes. Wir überlegen, welche Informationen zu analysieren sind, um uns selbst und den Markt zu verstehen. Wir denken nach.

Grübeln hilft, etwas zu schaffen
Kunststudenten des Art Institute of Chicago wurden aufgefordert, zu einem Gegenstand ein Stillleben zu malen. Aufgrund ihres unterschiedlichen Herangehens an die Aufgabe kristallisierten sich zwei Gruppen heraus. In der ersten Gruppe die Emsigen, die mutig und ohne Zögern anfingen zu arbeiten und schnell eine Struktur auf der Leinwand sichtbar werden ließen. In der zweiten Gruppe arbeiteten die Grübler,

---

[47] *Friedrich Nietzsche (1844–1900), deutscher Philosoph; bekannt für seine radikalen Ansichten, die oft missbraucht wurden. Die hier aufgeführte Sentenz stammt aus seinem Text „Über Wahrheit und Lüge im außermoralischen Sinne" (1873), zitiert nach Precht 2007, S. 21.*

[48] *Kahneman, a.a.O., S. 5.*

die erst lange überlegten, was sie auf die Leinwand bringen wollten. Sie malten sozusagen länger „im Dunkeln". Die Zeit zum Malen war für alle gleich lang. Die Grübler nutzten einen größeren Anteil der Zeit zum Nachdenken und gingen erst dann konzentriert an die Arbeit. Jahre später wurde analysiert, wie sich die ehemaligen Teilnehmer des Tests weiterentwickelt hatten. Erfolgreiche Maler waren nur aus den Grüblern hervorgegangen. Wahre Künstler zögern offensichtlich, bevor sie ein Werk beginnen. Die Spontanen, Schnellen waren in der Kunst alle gescheitert.

Große Künstler wie Leonardo da Vinci oder Michelangelo sinnierten oft stunden- und tagelang, ohne dabei einen einzigen Pinselstrich zu tun. Tiefe Gedanken waren es offensichtlich, die den berühmten Werken schließlich Gestalt gaben. Auch der Strategieprozess ist eher eine Kunst als ein Handwerk. Hier sollte Ähnliches gelten.

Albert Einstein kann auch hier nicht unser Maßstab sein, aber es klingt einfach schön, wenn er sagt: „*Das Denken um seiner selbst willen ist wie die Musik! […] Die Triebfeder wissenschaftlichen Denkens ist nicht ein äußeres Ziel, das man erstrebt, sondern die Freude am Denken.*"[49] An anderer Stelle spricht er von „*der Nichtigkeit des Hoffens und Strebens, das die meisten Menschen rastlos durchs Leben jagt*".[50]

Viele Manager können und wollen nicht mehr in die Tiefe gehen. Sie sind froh, wenn der Tag minutiös in Termine zergliedert ist. Sie sind froh, wenn sie großen Fragen in der Hektik entgehen können. Es ist das Ausweichen vor tiefgründigen Entscheidungen. Man flieht in die nächste Aktion, statt eine wichtige Sache mit einer gründlich durchdachten Entscheidung zu krönen. Lieber dreißig Aktivitäten am Tag als drei schwergewichtige Herausforderungen. Schließlich ergibt sich fast von selbst der Leerlaufeffekt. Man dreht sich, ist beschäftigt aber nicht produktiv. Sich auf Zeitnot zu berufen ist kein Alibi, da Nachdenken Zeit schafft. Allerdings ist es einfacher, sich von einer Aktivität in die andere zu stürzen, als sich zum Nachdenken zu zwingen.

Schon die Stoiker mit ihren Leitfiguren Marc Aurel[51] und Seneca sprachen vor 2000 Jahren von der Substanzlosigkeit der Polypragmasie, der hektischen Geschäftigkeit, des blinden Aktionismus. Die sozialen Medien steigern heute diese Polypragmasie ins Unermessliche. Wo dies hinführen wird, wollen wir nicht ahnen. Es gibt die Alternativen geistige Bereicherung oder Verarmung.

Eine chinesische Geschichte zum Nachdenken

---

[49] *Fischer, Einstein, Piper, München, 2005, S. 9.*

[50] *Ebenda, S. 15.*

[51] *Marc Aurel (121–180), römischer Kaiser und Philosoph, neben Seneca der berühmteste Stoiker.*

> *Der Meister wurde von seinen Schülern vor eine Frage gestellt: „Was ist das Geheimnis deiner Weisheit und deiner Gelassenheit?" Er antwortete: „Wenn ich gehe, dann gehe ich. Wenn ich stehe, dann stehe ich. Wenn ich sitze, dann sitze ich. Wenn ich esse, dann esse ich." Die Schüler sagten: „Aber Meister, das tun wir doch auch!" Darauf erwiderte der Mann: „Wenn ihr geht, dann steht ihr schon. Wenn ihr steht, dann sitzt ihr schon. Wenn ihr sitzt, dann esst ihr schon. Und wenn ihr esst, dann geht ihr schon. Zeit ist Leben. Und wer keine Zeit hat, der hat kein Leben."*

Wir haben schon oben festgestellt, dass die Ratio **der künstlichen Intelligenz** auf den Leib geschrieben ist. Es ist nur eine Frage von Datenmengen, Algorithmen und Geschwindigkeiten, dem Management die Ratio weitgehend abzunehmen. Wir sehen darin keinen großen Verlust für Strategiedebatten, allerdings hängt das Damoklesschwert der zunehmenden Denkfaulheit und des passiven „Zur Kenntnis genommen" über uns.

Saint-Exupéry[52] meinte, dass die Intelligenz, die Ratio den Sinn für das Wesentliche verdirbt. Er hat wohl recht. Allerdings brauchen wir heute dabei kein mulmiges Gefühl mehr zu haben, wir können uns mit voller Kraft auf das Wesentliche stürzen. **Die KI schafft den Spielraum für das Irrationale. Dennoch dürfen wir das Feld des Nachdenkens nicht dem Computer überlassen, ohne ihn zu verstehen.**

Regel 5.2: Intuition – Schnellbahn zur Erkenntnis

Wir haben die Intuition als das aus der Erfahrung kommende instinktive Verstehen und Handeln definiert.

> ***Dazu eine nicht neue und oft zitierte Veranschaulichung:***[53] *Eine Anzahl Studenten wurde für ein Experiment in zwei Gruppen eingeteilt. Sie bekamen die Möglichkeit, Bilder auszuwählen, nicht einfache Drucke, sondern Gemälde, die einen gewissen Wert hatten. Die Mitglieder der ersten Gruppe hatten sich sofort zu entscheiden, welches Bild sie haben wollten. Die Mitglieder der zweiten Gruppe bekamen reichlich Zeit, sich ein Bild auszuwählen. Sie konnten darüber nachdenken, wie es in ihre Wohnung passen und ob es den Mitbewohnern gefallen würde. Nach einigen Jahren wurden die Studenten wieder aufgesucht. Nur bei der ersten Gruppe waren noch die ausgewählten Gemälde in den Wohnungen zu finden.*[54]

---

[52] *Antoine de Saint-Exupéry (1900–1944), französischer Schriftsteller, sein „Der kleine Prinz" gehört zu den am meisten gelesenen Büchern der Welt.*

[53] *Die Texte dieser oft genannten Geschichten zur Intuition wurden zum großen Teil von Bas Kast übernommen (Kast, Wie der Bauch dem Kopf beim Denken hilft, S. Fischer Verlag, Frankfurt am Main, 2007).*

[54] *Es sei nur am Rande vermerkt, dass dies nicht im Widerspruch zu unserer vorstehenden Geschichte mit Studenten und Bildern steht (Regel 5.1.). Im hier aufgeführten Fall geht es um eine überkomplexe*

Sigmund Freud[55] hat einmal ein Bild von zwei Zimmern und einem Türsteher benutzt, um Entscheidungsprozesse zu veranschaulichen: In einem kleinen Zimmer, der Rezeption, residiert das Bewusstsein, in einem großen Raum das Unbewusste. Dort entstehen ständig neue Assoziationen und Ideen. Zwischen beiden Zimmern schiebt ein Türsteher Wache, der die Impulse des Unbewussten prüft und, wenn nötig, zurückweist. Ist der Türsteher streng, ein richtiger Rausschmeißer, dann dominiert das Rationale, der Mensch wird zum Computerhirn. Ist der Türsteher auf Urlaub, kann dies zur Manie führen. Alles aus dem Bauch wird ungefiltert in den Kopf und damit in Handlung übertragen. Jeder Impuls wird zur Tat. Haben wir einen ordentlichen, arbeitsamen Türsteher, filtert er „den Bauch". Hier geht es um die Nuancen. Falls er etwas nachlässig ist, kann dies zu Kreativität, vielleicht zur Risikobereitschaft führen. Falls er strenger ist, wird man eher zum Stoiker oder zum reinen Kopfmenschen.

Die meisten Genies hatten wohl einen nachlässigen Türsteher. Der Buchhalter, Finanzchef oder Statiker braucht einen strengen.

Eine Konsequenz der Präsenz der Intuition ist die umfassende Nutzung von Beratern in Unternehmen. Der Unternehmer oder der Vorstandsvorsitzende hat eine Idee, häufig aus der Intuition geboren. Dabei mögen Fakten und Informationen über sich verschiebende Marktmächte, über Innovationen anderer, über Wettbewerber nur ungenügend berücksichtigt werden. Berater werden eingestellt, um so rational wie möglich eben diese Fakten und Informationen zu analysieren und die Idee zu unterstützen und präsentierbar für die Stakeholder zu machen.

Die richtig leitende Intuition ist Intelligenz mit überhöhter Geschwindigkeit. Bis dies in der Wirtschaft voll anerkannt wird, ist es sicher noch ein langer Weg. Vor allem Jack Welch, Daniel Kahneman, Mihály Csíkszentmihályi,[56] Henry Mintzberg oder Steve Jobs haben dazu beigetragen, dass wir auf diesem Weg voranschreiten. Für Jack Welch ist es ein Qualitätsmerkmal von Führungskräften, dass sie auch den Mut für Bauchentscheidungen haben.[57] Mintzberg erklärte, dass strategisches Denken nach Kreativität und Synthese ruft und dass diese besser durch Intuition als durch Analysen bedient werden können. Steve Jobs „begann zu erkennen, dass intuitives Verständnis und Bewusstsein bedeutungsvoller waren als abstraktes Denken und intellektuelle logische Analyse".[58]

Es ist eine Tatsache, dass, je komplizierter und unsicherer Dinge sind, wir sie umso weniger rational abbilden können. Psychologen sind sich darin einig, dass es im Alltag komplexe Entscheidungen gibt – wie der Kauf eines Hauses, Autos, Bildes oder die Wahl

---

Situation, in der die Intuition der beste Ratgeber war. Im anderen Fall geht es ums Schwerpunktsetzen, um das Strukturieren. Dies geht nicht ohne nachzudenken.

[55] *Sigmund Freud (1856–1939), österreichischer Neurologe. Begründer der Psychoanalyse.*

[56] *Mihály Csíkszentmihályi (geb. 1934), ungarisch-amerikanischer Psychologe, berühmt durch seine Werke zum Flow und zur Kreativität.*

[57] *Welch J., Winning, Campus Verlag, Frankfurt am Main, 2005, S. 73.*

[58] *Isaacson, a.a.O., S. 57.*

eines Partners –, bei denen wir schlecht beraten sind, auf Grundlage unserer Ratio zu entscheiden. Wir würden es bereuen. Henderson bringt es auf den Punkt.

All rigorous analysis is inherently an iterative process. It starts with an intuitive choice and ends with an intuitive decision. […] Between those two points the rigorous process must take place. The sequence is analysis, problem redefinition, reanalysis […].[59]

In der Wirtschaft haben wir ständig komplexe Entscheidungen zu fällen. Jedoch gibt es in der Wirtschaft die Illusion, dass man die Komplexität beherrschen und dadurch rational entscheiden kann.

Es wird nicht anerkannt, dass es die komplexen, unscharfen, auf die Zukunft ausgerichteten Fragen gibt, bei denen wir über einen rationalen Algorithmus nicht verfügen und uns „nur" unsere auf Erfahrung beruhende Intuition bleibt. Erfahrung ist ein breiter Begriff, er umfasst nicht nur Erlebnisse, sondern auch Erfahrungen, deren Quellen uns unklar sind.[60]

Dennoch stellen sich viele Entscheidungsträger vor die Stakeholder und behaupten im Brustton der Überzeugung, dass ihre Ideen rational, unabdingbar und zielgerichtet sind.

Berühmt geworden ist das Erlebnis eines Feuerwehrhauptmanns, der beim Löschen eines Hauses urplötzlich dem Trupp befahl, das Gebäude sofort zu verlassen. Die Feuerwehrmänner folgten dem für sie unverständlichen Befehl pflichtbewusst. Kurz darauf kam es zu einer gewaltigen Explosion, die alle getötet hätte. Auf die Frage, wie er zu dieser richtigen Entscheidung gekommen sei, konnte der Truppführer keine Antwort geben. Er habe es „gefühlt." Psychologen und Feuerwehrexperten analysierten den Fall ausführlich und untersuchten auch die Historie unseres Truppführers. Es stellte sich heraus, dass er Jahre vorher die Erfahrung gemacht hatte, dass eine plötzliche Stille – der Physiker würde diese mit niedrigem Luftdruck durch das Ansaugen des Explosionskerns erklären – nichts Gutes bedeutet. Eine Erfahrung, die nicht auf seiner „Harddisc" war, aber verfügbar im richtigen Moment.

Schwer wird es in Situationen, die sehr komplex oder vollkommen fremd sind, und bei denen wir keine Erfahrungen haben. Wenn mich ein unbekanntes großes Tier angreift, dann reagiere ich, als wenn ich Erfahrung hätte. Ich laufe instinktiv weg, obwohl es gerade bei diesem Tier möglicherweise besser wäre, stehen zu bleiben, sich ruhig zu verhalten und ihm scharf in die Augen zu blicken.

---

[59] *Henderson BD., Logic of business strategy, Harper Collins, New York, 1984, S. 262.*

[60] *Auf eine philosophische Diskussion, inwieweit die Erfahrung rational vorbestimmt ist, wird hier verzichtet. Wir vertreten einen positivistischen Standpunkt und meinen, dass die Erfahrung eine originäre Quelle des Wissens ist. Immanuel Kants Auffassung, wonach der Verstand durch seine Begriffe selbst Urheber der Erfahrung ist, soll dennoch hier erwähnt werden.*

Die spezielle und die allgemeine Relativitätstheorie werden im Allgemeinen nicht verstanden, weil wir keine Erfahrungen mit den Grundsteinen haben, auf denen sie aufbaut. Richard Feynman, der geniale Physiker mit der „verständlichen Sprache", berichtet, dass es die Auffassung gab, dass nur zwölf Menschen die Relativitätstheorie begreifen würden.[61] Warum sollten wir auch verstehen, dass wir die Lichtgeschwindigkeit wie einen Stock vor uns hertragen, egal ob wir stehen oder schnell wie ein Raumschiff sind? Beim Licht ist alles anders. Jeder hat dadurch seine eigene Zeit. Die Gerade ist durch die Gravitation nicht die kürzeste Entfernung. Nach Einstein leben wir auf der gekrümmten Oberfläche einer vierdimensionalen Raumzeit. Das ist uns fremd. Es widerspricht jeglicher Erfahrung. Albert Einstein hat sozusagen einen Dreisprung vorgenommen. Die Ratio verlassen, um zur Intuition zu kommen. Von der Intuition hat er den nächsten Sprung zur abstrakten Ratio vollzogen. Unser intuitiver Bauch verlässt uns hier. Er ist überfordert.

Auch in der Wirtschaft gibt es Situationen, für die keine Erfahrungen vorliegen und die gleichzeitig so komplex sind, dass wir sie rational nicht beherrschen können. Bei vollkommen unerwarteten Ereignissen – den sog. „Black Swans"[62] – hilft uns weder Ratio noch Intuition. Aus den letzten zwanzig Jahren sind hier sicher der 11. September 2001 (Terroranschlag am World Trade Center), der Tsunami im Indischen Ozean 2004, der Zusammenbruch von Lehman Brothers sowie der Coronavirus die prägnantesten Beispiele. Hier hebt sich die Trennung von Ratio und Intuition auf, da beide keine Substanz haben. Wir erkennen sozusagen ohne Grundlagen und versuchen, mit „trial and error"[63] über die Runden zu kommen.

Wir haben die Intuition als Erkenntnisweg im strategischen Management anzuerkennen. Es ist absurd, dass es in der heutigen Unternehmenskultur nicht üblich ist, sich zur Intuition zu bekennen, und dennoch viele wirtschaftliche Entscheidungen intuitiv getroffen werden. Es wird ein Zahlenwerk durchforscht, es werden Berater angestellt, um alles zu wissen und zu berechnen. Dann schaut man sich das Ergebnis an und überschreibt es aus dem Bauch. Wir haben große Projekte durchgeführt. Der Kunde war sehr angetan. Er bedankte sich, bezahlte die beträchtliche Rechnung und machte es dann allerdings ganz anders. Seine Erfahrungen, seine Interessen dominierten. Man bekennt sich nicht zur Intuition, aber sie wird vom Topmanagement gelebt – und nicht selten zu Recht.

Vielen Managern auf der zweiten Ebene geht es vor dem Board wie Kriminalisten vor dem Gericht. Diese haben oft eine vor allem intuitive und meist zutreffende Auffassung zur Schuld oder Unschuld des Angeklagten. Diese wagen sie nicht zu erwähnen, sondern sie suchen krampfhaft nach rationalen, objektiven Fakten. Gleiches machen Manager. Sie

---

[61] *Feynman RP, Vom Wesen wissenschaftlicher Gesetze, Piper, München, 2001, S. 159.*

[62] *Der Begriff „Black Swans" ist seit dem Bestseller von N. N. Taleb „The Black Swan" (2007) in aller Munde.*

[63] *„Trial and error" ist eine Methode, bei der viele Lösungsmöglichkeiten so lange geprüft werden, bis man zu einer zulässigen Möglichkeit kommt. Auch fehlerhafte Lösungen werden als Erkenntnishilfen akzeptiert.*

sind instinktiv von einer strategischen Option überzeugt und suchen fieberhaft nach quantitativen und logischen Argumenten. *„Emotions … are not acknowledged in the standard economic theory"*, meint Kahneman dazu.[64] Natürlich kann die Intuition kein Alibi für abwegige Entscheidungen sein. Industrieverständnis und Erfahrung – nicht im Detail, sondern in groben Zügen – sind die Voraussetzungen, um ohne Furcht intuitiv zu sein.

Nur beiläufig sei erwähnt, dass die Entwicklung des Gehirns erst etwa mit dem 30. Lebensjahr abgeschlossen ist. Insbesondere der präfrontale Cortex, der für strategisches Denken verantwortlich ist, reift langsam. Die Hirnregion, die plant, vorausschauend handelt, abwägt und die Impulse kontrolliert, tritt ihre „Managementfunktion" im Gehirn deutlich später an als bisher angenommen, meint der Hirnforscher Jay Giedd.[65] Die Fähigkeit zur „wertschaffenden" Intuition ist demnach erst in relativ späten Lebensjahren voll ausgebildet und entwickelt sich weiter. Für viele andere biologische Funktionen wird schon vor dem 30. Lebensjahr das Maximum erreicht. Für die Intuition beginnt erst hier ihre begründete Kraft. Der junge Manager muss mit dieser Tatsache leben, was meist kein Problem darstellt. Junge Menschen sind weit weniger geneigt, intuitiv zu argumentieren. Sie schätzen Fakten, Zahlen und die Ratio. Wenn von ihnen jemand mit der Intuition argumentiert, ist es oft ein Alibi dafür, dass er seine – analytisch rationalen – Hausaufgaben nicht gemacht hat.

Deshalb befand Bruce D. Henderson, der Gründer der Boston Consulting Group, dass die besten Vorschläge von Teams aus jungen Hochschulabsolventen und erfahrenen Partnern stammen. Ein Mix von analytischem Hirn und erfahrenem Bauch.

Es gibt kein methodisches Instrumentarium zur Intuition. Dies wäre auch ein Widerspruch in sich. Die Intuition ist ein Feld der Erkenntnis, das als Teil des strategischen Managements in Beispielen beschrieben wird.

Goethes[66] Idealbild war der ästhetische Mathematiker, der bestrebt ist, die beiden Welten des Sinnlichen und des Rationalen zu vereinen.[67] Dieses Idealbild gilt auch für den Wirtschaftsstrategen.

Der Raumgewinn **der künstlichen Intelligenz** führt zu zwei Fragen mit großer Reichweite:

- Sollte der Entscheidungsträger, der Vorstandvorsitzende seine Intuition „abschalten", da ihm die KI die anscheinend perfekte unanfechtbare Strategie liefert?
- Kann die KI auch den Bauch, die Intuition und nicht nur das Hirn, die Ratio abbilden und zunehmend ersetzen?

---

[64] *Kahneman. a.a.O., S. 343.*

[65] *Jay Giedd, Chief of Brain Imaging at the Child Psychiatry Branch where he conducts research on the biological basis of cognitive, emotional and behavioral disorders at the National Institute of Menthal Health in Bethesda (Maryland, USA). Zitiert nach: Focus 17/2013.*

[66] *J. W. von Goethe (1749–1832) wird als der größte deutsche Dichter und hervorragender Vertreter der Weltliteratur gesehen.*

[67] *Fischer EP., Leonard, Heisenberg und Co., Piper, München 2004, S. 104.*

Oberflächlich wäre, diese beiden Fragen mit zwei schnellen „Nein" zu beantworten.

Mit der künstlichen Intelligenz erwächst in absehbarer Zeit ein mächtiger Gegenspieler zu intuitiven Entscheidungen. Die Ergebnisse der KI stellen sich als so unanfechtbar dar, dass viele Vorstandsvorsitzende ihre Intuition eher für sich behalten werden, um nicht angreifbar zu sein. Wir haben das auch als Berater erlebt: Je mehr Daten wir bewegten, je mehr Analysen wir gemacht haben, je unangreifbarer dadurch unsere Strategieoptionen erschienen, desto zurückhaltender wurde der Vorstand, seine Intuition dagegen einzusetzen. Sehr starke, selbstbewusste Vorsitzende haben es dennoch getan. Die Ergebnisqualität sehen wir im Nachhinein als ambivalent an.

Man hält die Intuition zurück, um nicht als altkluger Besserwisser oder egoistischer Interessenreiter zu erscheinen. Die KI kreiert sozusagen das unbestechliche Urmeter, das Eichmaß für strategische Entscheidungen. An ihr führt kein Weg vorbei. Die Intuition wird durch die KI entmannt. Der Strategieprozess wird öde. Der CEO kann nicht mit Boni oder Karriereschritten winken, er kann den Computer höchstens abschalten, wenn es ihm reicht, von ihm bevormundet zu werden. Dies werden nur selbstbewusste, starke Unternehmensführer wagen. Schwächere Manager werden der KI freien Lauf lassen. Sie wollen nicht das Schicksal der unbelehrbaren Maschinenstürmer des 19. Jahrhunderts erleiden. Diese versuchten den Fortschritt aufzuhalten, obwohl dieser sie bereits überrollt hatte.

Ob die Entscheidungen besser oder schlechter werden, wird sich erst in der Zukunft erweisen. Auf jeden Fall werden sie langweiliger und freudloser.

Bei der zweiten Frage – ob die KI auch die Intuition abbilden kann – hängt die Antwort davon ab, wie breit wir die Intuition deuten. **Für uns baut die Intuition auf geronnener Erfahrung auf.** Es gibt auch Auffassungen, die darüber hinausgehen und das Subjektive, das Bewusstsein, die Seele, die Genetik von den geronnenen Erfahrungen trennen. Wir gliedern diese Aspekte eher zur Empathie aus (Abschn. „REGEL 5.4: EMPATHIE FÜHRT UNS LETZTLICH ZUR RICHTIGEN ENTSCHEIDUNG").

Soziale Medien, Navigationssysteme, Bankbewegungen und andere Quellen werden weiter und weiter über Jahre hinweg personalisiert und aufgearbeitet. Gesicht, Körpersprache, Sprechweise und -inhalte und das Umfeld werden eingenordet. Dann wird die Erfahrung, die Intuition für eine gegebene Situation simuliert. Bei Fehleinschätzungen lernt die KI und wird in der nächsten Situation die intuitive Deutung besser vorhersagen.

Wir gehen davon aus, dass Google und Facebook schon heute für starke Nutzer mit relativ hoher Wahrscheinlichkeit voraussagen können, wie sie in einer bestimmten Situation intuitiv reagieren.

Für die strategischen Entscheidungen wird so die künstliche Intelligenz unsere Intuition vorwegnehmen und sie in ihren eigenen Entscheidungsvorschlag einbauen – auch wenn das noch viele Jahre dauern wird. Je nach Gusto, nach Knopfdruck kann dies **negativ oder positiv** geschehen. Negativ heißt, sie entwickelt vorab die Argumentation, um unsere intuitive Reaktion zu entkräften oder überflüssig zu machen. Positiv heißt, unterstützende Argumente für unsere Eingebungen einzubauen. Beides Schritte zur Verkümmerung unseres Ichs. Unsere Intuition wird abgewürgt.

Wenn Sigmund Freud recht hat, dass das Unbewusste viel moralischer ist, als das Bewusste es wahrhaben will, verheißt das nichts Gutes für eine Dominanz der KI.

Regel 5.3: Kreativität ist das Sahnehäubchen der Strategiefindung

Wir definierten Kreativität als den Ausbruch aus den langen Wellen des Nachdenkens durch einen Gedankenblitz, durch die neue Idee. Das Neue ist das Sahnehäubchen einer jeden Strategie, da es den Königsweg zur positiven Differenzierung von den Wettbewerbern liefert. Positive Differenzierung schafft den nachhaltigsten Wettbewerbsvorteil. Nur das Vorhandene linear fortzuschreiben führt früher oder später zumindest zu Ertragseinbußen, häufig in den Untergang. Auch Kostenvorteile, die auf Betriebsgrößeneffekten beruhen, oder Qualitätsvorteile sind nicht in jedem Falle schnell zu kopieren, allerdings weiß der Wettbewerber, wo er ansetzen muss. Das Querdenken, „Thinking out of the box", „Thinking beyond the obvious" sind Managementtugenden, die die Wirtschaft insgesamt heute mehr denn je braucht, um im Wettbewerb nicht nur zu bestehen, sondern sich abzusetzen. Leider tritt dies zugunsten von Effizienz- und Prozessdenken immer wieder in den Hintergrund.

Eine kreative Idee wirkt bei der Strategiefindung wie die Hefe im Brotteig. Der Geistesblitz kann ein beeindruckendes Design, eine überraschende strategische Hypothese, ein frappierendes Ziel, ein epochales Produkt, eine unorthodoxe Struktur oder auch ein unüblicher Marketingansatz sein. Differenzierung durch kreative, überraschende Lösungen bleibt für den Wettbewerber eher ein Geheimnis als andere, mehr vordergründige Wettbewerbsvorteile. Sie ist schwer kopierbar. Kreativität ist rätselhaft oder wie es Rumelt sagt: „*One of the most important resources a business can have is knowing something that others do not.*"[68]

Für erfolgreiche Marktführer sind überraschende, kreative Ideen die größten Wettbewerbsbedrohungen. So sieht Bill Gates „*die größte Gefahr für unser Geschäft darin, dass ein Tüftler irgendetwas erfindet, was die Regeln in unserer Branche vollkommen verändert, genauso, wie […] wir es getan haben*".[69]

> *Wie ist es zur größten Schuhfabrik der Welt gekommen?* Der Hosenträgerfabrikant Carl Franz Bally sollte für seine Frau ein Paar Schuhe aus Paris mitbringen. Da er das Maß vergessen hatte, kaufte er zehn Paar in unterschiedlichen Größen. Auf der Heimfahrt in die Schweiz inspirierte ihn der Anblick der vielen Schuhe dazu, es als Erster mit maschineller Schuhproduktion zu versuchen.[70] Gesagt, getan. Die kreative Idee setzte er mit Hartnäckigkeit durch. 1850 ist Carl Franz Bally in Paris gewesen, 1880 verfügt er bereits über Dutzende von Produktionsstätten. Die Marke Bally ist dank Qualität und Design noch heute weltberühmt.

---

[68] *Rumel, a.a.O., S. 253.*

[69] *Fournier, Die 10 Gebote für ein gesundes Unternehmen, Campus Verlag, Frankfurt am Main, 2010, S. 40.*

[70] *Capus, Zehn Patriarchen, btB Verlag, München, 2008, S. 33.*

Kreativität beruht nicht – wie die Intuition – auf Erfahrung, sondern darauf, dass wir offen sind für Neues. Wir schauen nicht zurück, sondern wollen nach vorn laufen in unbekannte Gebiete. Wir sehen nicht auf den Boden, sondern blicken nach oben. Wir schwimmen nicht mit dem Strom, sondern eher gegen ihn und haben den Mut, neue Ufer anzusteuern.

Kreativität ist vor allem eine Domäne der Kunst. Kunst ohne Kreativität ist undenkbar. Jedes Kunstwerk stellt etwas Neues dar, ansonsten wäre es kein Kunstwerk, sondern eine Kopie. Die in der Wirtschaft gepriesenen „Benchmarks" und „Best Practices" machen hier keinen Sinn – eher schon „Benchbreaking".[71] Das Ziel ist es, sich nicht anzupassen, sondern sich zu unterscheiden, auszubrechen aus dem Gängigen.

In der Wirtschaft wird die Notwendigkeit der Kreativität anerkannt, aber zu wenig für sie getan, und dies auf zwei Ebenen:

- Kreativität verlangt, „nicht normal" zu sein. Ein Kreativer muss sich gehen lassen können. Er darf nicht in alltägliche Zwänge eingebunden sein. Dieser Voraussetzung wird in den meisten Unternehmen nicht entsprochen. Oft beherrschen Banalitäten die Gespräche und Besprechungen. Protagonisten verrückter Ideen werden ausgegrenzt.
- Wenn es dennoch zu einer kreativen Idee kommt, kann der Lauf bis hin zur Entscheidung über diese Idee unendlich lang und zermürbend sein. Wir haben erlebt, dass diese Entscheidungswege so demotivierend waren, dass die Mitarbeiter frappierende Vorschläge als sinnlos, ja teilweise sogar gefährlich für die eigene Karriere ansahen.

Wie kommen wir zu kreativen Ideen? René Descartes, Salvador Dalí,[72] Paul McCartney,[73] Mendelejew,[74] Kekulé[75] oder Albert Einstein[76] haben ihre genialen Ideen im Traum erhalten. Gerade bei solch einprägsamen Strukturen wie dem Periodensystem von Mendelejew oder dem Benzolring von Kekulé kann es im Schlaf „Klick" machen und man hat die „Erleuchtung". René Descartes ließ sich durch drei Träume 1619 dazu inspirieren, sich mit einem neuen Ansatz an die Philosophie heranzuwagen.

---

[71] *Im Gegensatz zum Benchmarking (Vergleichen) wurde der Begriff Benchbreaking (Bruch mit dem Vergleich) in bewusster Abgrenzung dazu von der Boston Consulting Group in den 90er-Jahren geprägt; es ist die gezielte Unterscheidung – anders sein und es anders machen als der Wettbewerber.*

[72] *Salvador Dalí, (1904–1989), einer der größten Maler des letzten Jahrhunderts, Hauptvertreter des Surrealismus.*

[73] *Paul McCartney, (geb. 1943), zusammen mit John Lennon Songwriter der Beatles, viele seiner Songs gingen in die Musikgeschichte ein.*

[74] *Dmitri Mendelejew (1834–1907), russischer Chemiker, ging durch das von ihm entwickelte Periodensystem in die Geschichte der Naturwissenschaften ein.*

[75] *August Kekulé (1829–1896), deutscher Chemiker, entdeckte die Struktur des Benzolrings.*

[76] *Albert Einstein (1879–1955), wird neben Newton als größter Physiker der Menschheitsgeschichte gesehen, Sinnbild von Kreativität und Genialität.*

Der Name Mendelejew ist aus dem Chemieunterricht jedem geläufig. Der Mann mit dem wirren Haarschopf, „bei dem jedes Haar auf dem Kopf unabhängig von allen anderen agiert" (William Ramsay),[77] versuchte, die zu seiner Zeit bekannten chemischen Elemente zu systematisieren. Für jedes Element legte er ein Kärtchen an. Auf diesem schrieb er nieder, was er über das Element wusste. Da bereits sechzig Elemente bekannt waren, war es eine Sisyphusarbeit, die vielen Fakten zusammenzutragen, die Mendelejew sich in jahrelanger Arbeit als Chemiker an den verschiedensten Wirkungsstätten angeeignet hatte. Doch ein Gefüge, eine Struktur fehlte dem großen Chemiker noch. Eine eindeutige Reihenfolge der Elemente anhand ihrer Atomgewichte war bereits gegeben, dies erklärte jedoch nur die physikalischen, nicht aber die unterschiedlichen chemischen Eigenschaften, die sich bei einigen Elementen wiederum stark ähnelten. Der große analytische (rationale) Aufwand der zusammengetragenen Fakten führte ihn auf die Fährte, dass sich nach jeweils sieben Kärtchen die chemischen Eigenschaften der Elemente wiederholten. Der Rest ist bekannt. Der große Durchbruch, das Periodensystem der Elemente, pendelt heute in fast jedem Chemieraum. Dmitri Mendelejew hatte die Idee, die Elemente mit gleichen chemischen Eigenschaften untereinander anzuordnen, nachts, und er stellte selbst dazu fest: „Ich sah in einem Traum eine Tafel, auf der alle Elemente ihren angemessenen Platz fanden. Als ich aufwachte, schrieb ich dies sofort nieder." Er hatte durch Fleiß den Boden für den Gedankenblitz bestellt.

Kann der kreative Gedankenblitz jeden treffen? Vielleicht ja – nur wird es nicht jeder merken. Louis Pasteur hat recht mit seiner Erkenntnis: *Der Zufall begünstigt den vorbereiteten Geist.* Der kreative Ausbruch erfolgt durch ständige Faszination und Neugier für ein Thema. Ruhephasen fördern das Ausbrechen aus dem Gewohnten. Solche Ruhephasen können in der Badewanne, unter der Dusche, beim Laufen im Wald, beim Meditieren oder im Traum vorliegen. Neurophysiologen machen dafür die langsamen Alphawellen des entspannten Wachzustandes verantwortlich. Konzentriertes Nachdenken hilft nicht, zu kreativen Ideen zu kommen, da durch das gezielte Überlegen unsere Gedanken in eine lineare Richtung gezwungen werden.

Nach Csíkszentmihályi ist das Beste für die Kreativität ein andauerndes Suchen nach Antworten. Er nennt dies einen „flow". Man lässt sich von der Aufgabe mitreißen und genießt es, ständig über sie nachzudenken. Dieser „flow" kann die Kreativität unglaublich fördern. Wenn der Leiter eines Institutes oder eines Unternehmensbereiches in der Lage ist, die Atmosphäre eines solchen „flow" zu schaffen, trägt er sehr zum Ideenreichtum bei. Dazu muss er selbst nicht vor Kreativität sprühen.

---

[77] *William Ramsay (1852–1916), schottischer Nobelpreisträger, besonders durch seine Forschungen zu den Edelgasen berühmt.*

Albert Einstein war die personifizierte Kreativität. Mit Sicherheit schwamm er im Jahre 1905 in einem solchen „flow", als er bahnbrechende Ideen wie vom Laufband produzierte. In diesem Annus mirabilis ist von mindestens vier revolutionären Beiträgen die Rede: Quantenhypothese, Photoeffekt, Thermodynamik, Zeit und Raum. Große Dinge wurden von ihm in einem Jahr auf neue Grundlagen gestellt.
Adam Smith, der große Ökonom, war auch ein Mensch im „flow". Unter nahezu einsiedlerischen und asketischen Bedingungen schuf er innerhalb von zehn Jahren das ganz große Werk der Ökonomie: „Wohlstand der Nationen". An seinen Freund Hume, den grandiosen Philosophen und menschenfreundlichen Empiristen, schrieb Adam Smith einen bemerkenswerten Brief: „Meine Beschäftigung ist hier das Forschen. Mein Zeitvertreib sind lange, einsame Spaziergänge am Strand. Du magst urteilen, wie ich meine Zeit verbringe. Ich fühle mich jedenfalls so überaus glücklich wie vielleicht noch nie in meinem Leben."[78]

Ein ermutigender Ausblick zur Kreativität:

*   Wir fühlen uns besser, wenn wir kreativ sind. Eine kreative Arbeit und ein Zuhause, in dem wir uns wohlfühlen, sind eine ideale Kombination.
*   Kreativität ist offen für uns alle. Wir können uns nicht hinter angenommenen „genetischen" Grenzen verstecken.

Die KI wird den menschlichen kreativen Prozess nicht abbilden können. Unsere Auffassung zur Kreativität als Ausbruch aus dem Gängigen kann nicht programmierbar sein. Ansonsten wäre es kein Ausbruch. Superintelligenz, die auch das Subjektive, das Bewusste beherrscht, wird auch ausbrechen können. Sie überspringt unser Vorstellungsvermögen.

Dennoch sehen wir eine Symbiose zwischen menschlicher Kreativität und „mechanischer Kreativität" des Computers.

Beide brauchen Daten. Einstein, Kekulé, Mendelejew hätten ihre *Geistesblitze* nicht gehabt, ja haben können, ohne sich intensiv mit der zugrunde liegenden Materie zu beschäftigen. Das heutige, ständig wachsende Datenangebot wird als Katalysator für die menschliche Kreativität dienen.

Die künstliche Intelligenz schafft anscheinend kreative Lösungen, ohne selbst kreativ zu sein. Es gibt vor allem in der bildenden Kunst und in der Musik Werke, die von

---

[78] *Lüchinger R., Die zwölf wichtigsten Ökonomen der Welt, Orell Füssli Verlag, Zürich, 2009, S. 30.*

Experten als Kunstwerke ‚erkannt‘ und „originalen" Künstlern zugeordnet werden. Wir zeigen drei Beispiele:

1. *Im Juli 2017 stellten Forscher der Rutgers University eine KI vor, die künstlerische Gemälde produziert. Die KI wurde trainiert mit vielen Gemälden berühmter Maler verschiedener Epochen. In einem Blindtest wurden die von der KI erstellten Gemälde mit von Künstlern für die Art Basel erstellten Gemälden vermischt und 18 Experten zur Beurteilung vorgelegt. Die Jury beurteilte die Gemälde von der KI insgesamt besser als die von den Künstlern für die Art Basel erstellten Gemälde.*
2. *Der Autor George R. R. Martin schreibt an seinem sechsten Buch der Reihe „Game of Thrones", das von der Fangemeinde ungeduldig erwartet wird. Der Programmierer Zack Thoutt trainierte nun eine KI (Recurrent Neural Net) mit den ersten fünf Büchern der Serie und ließ von der KI das sechste Buch schreiben. Das Ergebnis wurde im Sommer 2017 im Internet veröffentlicht. Dabei hat die KI einzelne Charaktere genauso weiterentwickelt, wie das in manchen Fan-Theorien erwartet wurde, ohne dass die KI davon wusste. Mängel gibt es bei der Grammatik, einzelne Charaktere, die bereits verstorben waren, tauchen wieder auf und die Handlungsstränge sind nicht sehr spannend.*
3. *Google versucht in seinem Magenta-Projekt, KIs zu erzeugen, die kreativ sind. So wurde im Sommer 2017 eine Klavier-Improvisation vorgestellt, die von einer KI komponiert wurde. Bereits im Sommer 2016 veröffentlichte das Projekt Magenta einen kurzen Pop-Song, der von einer KI komponiert wurde.*

Diese kreativen KI-basierten Ergebnisse werden in maschinellen Lernprozessen (KI-Stufe II) geschaffen. Es wird ein Überblick über den Zeitgeist oder über die kompositorischen Prinzipien eines oder mehrerer berühmter Künstler aus unzähligen Vergleichen erarbeitet. Auf dieser Grundlage erlernt der Computer den gemeinsamen Nenner des Geschmacks. Dieser dient ihm zum Schaffen eigener neuer Kunstwerke.

Obwohl also der Entstehungsprozess dieses Neuen nicht dem menschlichen entspricht, müssen wir anerkennen, dass die lernende KI der Stufe 2 im Ergebnis der menschlichen Kreativität zumindest nahekommen kann. Wir müssen ihr so die Möglichkeit der Erschaffung kreativer Strategien zubilligen. Eine solche Strategie ist sicher eine größere Herausforderung als aus bestehenden Kunstwerken neue zu generieren.

Ob wir diesen KI-Ansatz auf die „extrem kreativen" Werke Arnold Schönbergs[79] oder den Dadaismus[80] ausdehnen können, ist zweifelhaft. Diese Werke entstanden aus der Ab-

---

[79] *Arnold Schönberg (1874–1951), österreichischer Komponist, Vater der atonalen Musik.*
[80] *Kunst, die sich durch Ablehnung „konventioneller" Kunst auszeichnet.*

lehnung der konventionellen Kunst und des Zeitgeistes. In diesem Sinne sind sie nicht mit Bestehendem vergleichbar, sozusagen kreativ „aus dem Nichts".

Im Bereich der Unternehmensstrategie möchten wir Prozesse wie die ‚Erfindung' des iPods, des iPhones, des iPads, die Entwicklung der Geschäftsmodelle von Google und Amazon, die Software von Microsoft durch die morgige KI im Bereich des Möglichen sehen.

Im Grundsatz treffen sich menschliche Kreativität und maschinelle Kreativität und können zum gleichen Werk kommen. Die menschliche Kreativität startet als Ausbruch, induktiv, subjektiv, unabhängig. Die maschinelle Kreativität startet sozusagen von oben nach unten. Deduktiv, objektiv, durch Parameter und Algorithmen eingeengt. Falls Letztere funktionieren, lernt sie aus unzähligen Simulationen, das Dreieck aus Neuem, Gefragtem und Unerwartetem zu schließen (Abb. 3.1).

Regel 5.4: Empathie führt uns letztlich zur richtigen Entscheidung

Wir definierten Empathie als die positive Reaktion auf andere Menschen – **äußere Empathie** – und auf uns selbst – **innere Empathie**.[81] Beide Seiten der Empathie sind für das strategische Management wichtig.

Abb. 3.1 Die zwei Wege zu kreativen Lösungen – Gedankenblitz versus Flut der künstlichen Ideen

---

[81] *Mit negativem Vorzeichen wären es Aversion oder Antipathie.*

- **Die äußere Seite:** Strahlen wir Positives aus? Können wir überzeugen? Schaffen wir Vertrauen? Verstehen wir den anderen?
- **Die innere Seite:** Wie positiv reagieren wir? Wie positiv denken wir? Was treibt unser Handeln an? Was charakterisiert unsere Persönlichkeit? Wie sehen wir die Welt? Wie verstehen wir unsere Organisation?

Die äußere Seite hilft bei der Kommunikation der Strategie, beim Überzeugen. Die innere Seite trägt zum Inhalt bei.

Beide Seiten sind gegeben. Wir können uns ihnen nicht entziehen. Sie leiten uns beim Verstehen der Menschen und der Organisation des Unternehmens. Sie helfen uns, die Menschen, die unsere Produkte kaufen sollen, zu verstehen. Sie befähigen uns, unsere Meinung nach außen zu tragen, die Organisation und andere „Stakeholder"[82] zu überzeugen.

Zur äußeren Seite: Die Strategiesuche in der Wirtschaft erfolgt nicht im Vakuum. Die Ergebnisse sind nicht ausschließlich für den Strategen bestimmt. Am Ende des Suchprozesses – wenn nicht ständig – sind die Ergebnisse auf den Prüfstand der Stakeholder zu stellen. Das erfordert die Fähigkeit, den anderen zu verstehen, Vertrauen zu schaffen, glaubhaft zu sein. Verständnis ist Voraussetzung, Kommunikation kann wichtiger als der Inhalt sein. Zur äußeren Empathie gehört Einfühlungsvermögen, um die anderen, also die Kunden, die Mitarbeiter, die Manager richtig einschätzen zu können, um daraus die richtigen strategischen Schlüsse zu ziehen.

Martin Seligman,[83] der Pionier der positiven Psychologie, zeigt ganz praktisch die Wirksamkeit (äußerer) Empathie: Bei einer großen amerikanischen Lebensversicherung wurden Verkaufsmanager auf zwei verschiedenen Wegen eingestellt: Einmal klassisch – Referenzen, Lebensläufe, Interviews, Tests – ein anderes Mal auf Grundlage eines psychologischen, auf eine optimistische Lebensauffassung zielenden Fragebogens. Dieser Fragebogen wurde nur bei Kandidaten angewandt, die beim klassischen Test gescheitert waren und die eigentlich keine Chance auf einen Job bei einer Versicherung hatten. 129 – eigentlich gescheiterte – Optimisten wurden aufgenommen. Die Verkaufsergebnisse von ihnen waren im ersten Jahr um 21 %, im 2. Jahr um 57 % besser als bei den Neueinstellungen nach üblichem Schema.

Zur inneren Seite: Die Empathie bringt emotionale Werte in die Erkenntnis ein. Empathische Menschen sind positiver, ausgewogener, kommen zu anderen Entscheidungen als Menschen ohne Empathie. Die Empathie ist damit die Voraussetzung, die WIBEs

---

[82] *Stakeholder sind alle, die von der Entwicklung eines Unternehmens betroffen sind, von den Zulieferern über die Mitarbeiter bis hin zum Staat oder den Konsumenten.*

[83] *Martin Seligman (geb. 1942), amerikanischer Psychologe und Bestsellerautor.*

(Wünsche, Interessen, Bedürfnisse und Erwartungen) von Organisationen, Mitarbeitern, Kunden und anderen Stakeholdern zu verstehen, um darauf erfolgversprechende, weil implementierungsfähige Strategien aufzubauen.

Die innere Seite der Empathie beeinflusst direkt das Ergebnis des strategischen Managements. Ein unzufriedener Maximalist wird zu anderen strategischen Erkenntnissen kommen als ein ausgewogener Mitbürger. Es ist wichtig, das zu verinnerlichen und eigene und andere strategische Entscheidungsvorschläge auf dieser Grundlage zu durchdenken.

Ein Beispiel aus der Wirtschaft soll verdeutlichen, wie sehr strategische Entscheidungen vom Persönlichkeitsmuster (innere Empathie) des Entscheidungsträgers abhängen

Drei Strategen haben als Vorstandsvorsitzende einem Unternehmen – Daimler-Benz – in den letzten dreißig Jahren ihren Stempel aufgedrückt, drei Strategen mit durch kernige Worte gestützten Strategien. Kluge Berater und Investmentbanker standen anfangs immer hinter ihnen. Der Markt spendete Beifall. Die Persönlichkeiten der Vorstandsvorsitzenden waren unterschiedlich und somit auch ihre Strategien.[84]

*Für den ambitionierten **Vorstandsvorsitzenden Edzard Reuter** war es erklärtes Ziel, das Unternehmen während seiner Amtszeit zu einem weltmarktführenden integrierten Technologiekonzern zu machen. Ab 1985 liefen alle Entscheidungen in diese Richtung. Das Unternehmen expandierte: Neue Firmen wurden gegründet, Firmen wurden erworben,*[85] *eine neue Konzernzentrale wurde errichtet. Das ursprüngliche Kerngeschäft wurde vernachlässigt. 1994 berichtet das Unternehmen im Geschäftsbericht stolz, dass zu den Kerngeschäften jetzt neben Straßenfahrzeugen für den Personen- und Güterverkehr auch Bahnsysteme, die Luftfahrt, die Raumfahrt, die Verteidigungstechnik, Antriebssysteme, die Automatisierungstechnik, die Energietechnik und Dienstleistungen der Informationstechnologie gehörten. Im darauffolgenden Jahr (1995) wurden nicht nur Verluste von fast 6 Mrd. DM eingefahren, es wurde auch eine strategische Kehrtwende vollzogen. Unternehmensteile wurden unter enormen Verlusten abgestoßen und neue Ziele gesetzt. Die Unternehmensführung wurde durchgeschüttelt. Auch Edzard Reuter verließ das Unternehmen. Milliardenwerte waren vernichtet worden. Von außen betrachtet kann Edzard Reuter als vielseitig interessierter, mehr von politischen Dimensionen als von betriebswirtschaftlichen Tatsachen getriebener Unternehmensführer charakterisiert werden. Er stammt aus einer bekannten Politikerfamilie.*

---

[84] *Die hier vorgestellten Einschätzungen der Persönlichkeiten stellen eine äußere, subjektive Sicht der Verfasser dar, die sich aus Presseveröffentlichungen und Entscheidungen der dargestellten Manager ableitet.*

[85] *Der Konzern erwarb die Dornier GmbH, die MTU Motoren- und Turbinen-Union, Fokker sowie die AEG.*

Der von 1995 bis 2005 agierende **Vorstandsvorsitzende Jürgen Schrempp** *ver-folgte eine andere Strategie. Er träumte vom größten Automobilkonzern der Welt, einem multinationalen, global agierenden Automobilunternehmen. Er drehte alles, was sein Vorgänger angestrebt hatte, um, obwohl er seit Jahren selbst ein wichtiger Teil der alten Wertvernichtungsstrategie gewesen war. Unter seiner Regie fand 1998 der Zusammenschluss der Daimler-Benz AG mit dem US-amerikanischen Konzern Chrysler zu DaimlerChrysler statt. Schrempp setzte Beteiligungen des Konzerns an den asiatischen Autoherstellern Mitsubishi Motors mit 37 % und Hyundai Motor Company mit 10 % durch. Die Daimler-Kultur war weder in der Lage noch bereit, diese Geschäfte konstruktiv und zielführend zu integrieren – und Jürgen Schrempp weder in der Lage noch bereit, dieses zu ändern. Es wurden wiederum ungeheure Werte vernichtet. Von außen betrachtet kann Jürgen Schrempp als ein erfolgsorien-tierter, in Investmentbanker-Kategorien denkender Unternehmensführer charakteri-siert werden, der mehr nach außen als nach innen orientiert war. Er hatte die Kultur und die Veränderungsfähigkeit und -willigkeit seines Unternehmens nicht verstan-den oder völlig falsch eingeschätzt. 2005 verließ er das Unternehmen.*

2005 kreierte der neue **Vorstandsvorsitzende Dieter Zetsche** *wiederum eine neue Strategie. Daimler-Benz besann sich auf seine Wurzeln und Kernkompetenz, Auto-mobile mit hoher Qualität, innovativer Einmaligkeit und hohem Markenwert herzu-stellen und zu vermarkten. Es wurden keine großen Akquisitionen angestrebt und auf ein sauberes Portfolio Wert gelegt. Das Erbe der zwanzig „verlorenen" Jahre zwi-schen 1985 und 2005 lastete schwer auf dem Unternehmen. Andere Firmen wie Audi und BMW hatten Daimler in Markenwert, Verkaufszahlen und Rendite ein- und überholt. Obwohl viele Investmentbanker und Teile der Wirtschaftspresse die neue Strategie anfangs als fantasielos einschätzten, blieb die Firma dem eingeschlagenen Weg treu und hatte soliden Erfolg. Dieter Zetsche zeigte sich als sachlicher, vor al-lem in Produkten und Technologien denkender Unternehmensführer. Er stammt aus einer Ingenieursfamilie und verbrachte nach Abschluss des Ingenieurstudiums fast 40 Jahre bei Daimler-Benz. Aus dieser Vita ergab sich wohl, dass er größeren Ver-änderungen sehr verhalten gegenüberstand. Bei den heutigen Trends der Mobilität – vor allem dem E-Auto, aber auch beim durch künstliche Intelligenz gesteuerten Ver-kehr – nimmt Daimler keine führende Position ein. Es wird sich zeigen, wie groß diese Hypothek sein wird. Zetsche verließ 2019 das Unternehmen.*

Die Persönlichkeiten (innere Empathie) der Vorstandsvorsitzenden von Daimler-Benz hatten extremen Einfluss auf die Strategie des Unternehmens. In der ersten Periode hat ein „kosmopolitischer Feingeist" das große Schiff fast in den Sand ge-setzt, da er sich eine imperiale Technologiestrategie ersann, die nur in Fragmenten fundiert war. In der zweiten Periode hat ein „wertschaffungsgetriebener Autokrat" versucht, eine wohltönende, globale Autoweltmarktführer-Strategie umzusetzen, die zumindest in der Umsetzbarkeit unrealistisch war. In der dritten Periode war ein

> *„sachlicher Ingenieur" am Ruder. Er hatte aus den Fehlern seiner Vorgänger gelernt und ging ohne Größenwahn an die Arbeit. Allerdings ließ ihn seine Sachlichkeit bei Visionen zu kurz kommen. Sicher werden Perfektionisten hier einwenden, dass der Zeitgeist und die Marktsituationen unterschiedlich waren. Wir meinen, dass dies eher Nuancen sind. Die Geschichte von Daimler-Benz in den letzten 30 Jahren – wie auch bei den meisten anderen Konzernen – ist ein Abbild subjektiver Faktoren.*

Manager mit unterschiedlichen Motivationsstrukturen kommen meist zu sehr unterschiedlichen Strategien, da sie Informationen anders bewerten und auch unterschiedliche Lebensauffassungen, Persönlichkeiten, unterschiedliche Empathie aufweisen. Dies führt zu unterschiedlichem Verständnis der Lage, zu unterschiedlichen Zielen, zu unterschiedlichen Interessen, zur unterschiedlichen Einordnung der eigenen Person in den Veränderungsprozess.

Das strategische Denken ist ein Spiegelbild des Denkenden. Ichbezogenheit, Machthunger, Einsamkeit, Aufgeblasenheit, Überehrgeiz, Unfehlbarkeitsanspruch sind einige der Attribute, die beim strategischen Denken hinderlich sind. Sie stehen zwar außerhalb der Inhalte des Denkprozesses, bestimmen ihn aber maßgeblich mit.

Murnigham spricht von den typischen „E's", Egozentrik und Empathielücke,[86] und stellt ganz trocken fest, dass viele Manager *„focus more on show and not enough on growth; they will trumpet the goals that they have and that they will achieve [...] their promise of future goal achievement will necessarily fail [...] they also seem to be less happy in life".*[87]

Wer auch immer über Führung reflektiert, wer über dysfunktionale Führung klagt oder wer selbst in Führungspositionen arbeitet, mag über die Erinnerungen an John S. Clarkeson, prägender CEO der Boston Consulting Group, nachdenken, die Anthony Habgood[88] anlässlich des Memorial Services in der Harvard Memorial Church im Oktober 2019 wiedergegeben hat:

Looking back above all he showed us that by doing the right thing and having the right values one could be outstandingly successful. There was

* *no need to be pushy,*
* *no need to be greedy,*
* *no need to court publicity,*
* *no need to seek the ‚bubble reputation' or the ‚selfish hope of the season's fame'.*

---

[86] *Murnigham KJ., Do nothing! How to stop overmanaging and become a great leader, Portfolio Pinguin, 2012, S. 29.*

[87] *Murnigham, a.a.O., S. 147.*

[88] *Sir Anthony Habgood: Chairman verschiedener bedeutender Unternehmen, Chairman of the Court of the Bank of England, Knight Bachelor in the 2018 New Year Honors for services to UK Industry.*

Just do it well, never lose your sense of perspective, and above all, never lose your sense of irreverence.

Aus vielen Strategieprojekten, aus der Analyse des Erfolges von verkündeten Strategien, aus der Mitgliedschaft in Boards und Aufsichtsräten ist die Erfahrung hervorgegangen, dass die besten strategischen Entscheidungen von ausgeglichenen, glücklichen, anspruchsvollen Managern getroffen werden, die in der Lage sind, die eigene Organisation und die äußere Umwelt ‚empathisch‘ zu verstehen. Diese Manager stehen etwas über den Dingen und ihre persönliche Situation ist frei von Spannungen. Ausnahmen von dieser Regel gibt es. Dennoch kann das „Glücklichsein“,[89] die Ausgewogenheit des Entscheidungsträgers, als ein wichtiger Indikator für den richtigen Ansatz des strategischen Managements gesehen werden. Sigmund Freud brachte es auf den Punkt: *„All people live with the conflicts between what they want and how they live – for balanced people this conflict is smaller.“*

In Theorie und Praxis wird der Frage der Abhängigkeit der Strategien von den handelnden Personen nicht der gebührende Raum eingeräumt. Zum einen gehen derartige Analysen und Einschätzungen sehr in den persönlichen Bereich und verstoßen gegen Tabus. Zum anderen kann der subjektive, empathische Kern von Strategien viel schwerer eingeschätzt und gelehrt werden als Zahlenwerk.

Die künstliche Intelligenz wird den Wert der inneren Empathie nicht gefährden können, obgleich sich der Einfluss der Persönlichkeit des CEOs und seiner Wünsche, Interessen, Bedürfnisse und Erwartungen auf die Strategie verschieben kann. Die ‚Überzeugungskraft‘ KI-basierter Strategien mag eine wachsende Distanz zu inhaltlichen, materiellen und finanziellen Fragen mit sich führen. Umso mehr werden die Entscheidungsträger gefragt sein, wenn es ums **Verstehen der Organisation und des gesamten Stakeholderumfeldes** geht, wenn die grundsätzlichen **Ziele** des Unternehmens gesetzt werden und wenn letztlich die **Entscheidung** getroffen wird. Vorhandener oder nicht vorhandener Mut, gegen vom Computer geschaffene strategische Empfehlungen zu votieren, kann die Kultur und das Klima des Unternehmens wesentlich prägen.

Zurück zu unserem Daimler-Benz-Beispiel. Eine Fiktion
Vorausgesetzt, die KI hätte durch mächtige Algorithmen und Rechengeschwindigkeiten eines Quantencomputers bereits in den 90er-Jahren folgende strategische Optionen vorgeschlagen:

1. *Keinen Wechsel der Technologie. Versuchen, das beste konventionelle Auto herzustellen. Bei Kleinwagen die Hybridtechnologie anbieten. Bei Erfolg des E-Autos auf die dann ausgereifte Technologie umsteigen.*

---

[89] *Glück ist ein weiter, schon immer überstrapazierter Begriff, der sowohl esoterisch als auch ganz rational-wissenschaftlich umschrieben werden kann. Für uns bedeutet Glück vor allem Ausgewogenheit und Ausgeglichenheit in sich ruhender Menschen.*

2. *Das E-Auto mit aller Macht entwickeln und weltweit von Anfang an der Beste werden.*
3. *In Alternativen investieren: Brennstoffzelle, synthetischer Brennstoff ohne CO_2-Belastung. Mit dem Staat um diesbezügliche Förderungen ringen.*
4. *Nicht mehr das Auto, sondern neue Mobilitätskonzepte, bei denen das Auto nur ein Teil sein wird, in den Vordergrund stellen.*

Natürlich hätten weder Reuter noch Schrempp noch irgendein Manager damals diese Optionen weiterverfolgt, weil sie ihrer Zeit weit voraus gewesen wären. In der Zetsche-Ära wurden diese Optionen sehr wohl diskutiert, allerdings nicht mit Macht verfolgt, bis auf – mit Abstrichen – Option 1. Die entscheidende Frage in unserem Zusammenhang ist, ob sich der CEO von Daimler mit allen ihm zur Verfügung stehenden Mitteln einem KI-basierten Vorschlag der Optionen 2 bis 4 hätte entgegenstellen können – wenn er denn gewollt hätte. Oder wäre die Überzeugungskraft der KI-Option unangreifbar, gottgegeben gewesen? Eine Frage, deren Beantwortung von der äußeren Empathie des strategischen Entscheiders bestimmt wird.

Wenn die **äußere Empathie** unsere Fähigkeit, zu kommunizieren, zu überzeugen, ist, wird ein Trend ihre Bedeutung verstärken:

Die blutleere Sprache der KI. Ergebnisse werden emotionslos verkündet, unsere Antworten an den Computer haben nur das akustische Ziel, dass der Computer uns versteht, die Wortwahl wird simplifiziert. Auch die schriftliche Kommunikation über die sozialen Medien ist von der eigentlichen Macht der Sprache weit entfernt. Mehr und mehr wird ein triviales Englisch die Kommunikation dominieren. Von Goethes „Wer fremde Sprachen nicht kennt, weiß nichts von seiner eigenen" wird sich auch der „Homo Strategensis" mehr und mehr entfernen. Der Gebrauch der englischen Sprache vereinfacht sich stetig. Im Forschungspapier „Mehrsprachigkeit im Fokus"[90] heißt es schon im Jahre 2004, dass die bisher geforderte „communicative competence" als Realisierung des britischen Englisch zunehmend durch die hybride Norm der „dialogical competence" ersetzt wird. Wenn im Apparat der heutigen Europäischen Union eine Sprache Hauptsprache ist, die niemand als Muttersprache[91] spricht, ergibt sich das Ausreichen der „dialogical competence" von selbst. Daraus könnte man ableiten, dass der Stellenwert der äußeren Empathie sinkt. Alles wird versachlicht. Überzeugt wird durch nüchterne Tatsachen. Um die höchsten Weihen im globalen Unternehmen zu erlangen, muss man nicht mehr durch äußere Empathie brillieren.

Für uns gilt das Gegenteil. Die äußere Empathie kann zur positiven Differenzierung beitragen und eine Lücke schließen. Die Anforderungen an die Überzeugungsfähigkeit der Manager werden wachsen. Sie haben mehr Politikern, Schauspielern und Fernsehmoderatoren zu ähneln

---

[90] *Bausch et all, Mehrsprchigkeit im Fokus, Arbeitspapiere der 24. Frühjahrskonferenz zur Erforschung des Fremdsprachenunterrichts, Gunther Narr Verlag Tübingen, 2004, S.7ff.*

[91] *In Irland ist Englisch neben dem Irisch-Gälischen Amtssprache.*

als Maschinen. Wir gehen davon aus, dass das volle Potenzial einer Organisation von Menschen, nicht von einem sprechenden Roboter, der sich seinen ‚Peptalk' zudem noch selbst schreibt, gehoben werden wird. So werden die Anforderungen an den überzeugten und überzeugenden Unternehmenslenker in einer immer stärker technisierten Welt erheblich zunehmen.

Haben autonome KI-Systeme aber nicht die Grundfähigkeiten, die es bräuchte für das empathische Verstehen von Menschen, Organisationen und Stakeholdern? Damit ein Auto autonom fahren kann, muss es autonome Entscheidungen treffen. Es kann Gesichter erkennen, Personen von anderen Gegenständen unterscheiden, es ist auf die komplexen Regeln und Situationen im Straßenverkehr programmiert, um in diesem Umfeld die richtigen Entscheidungen zu fällen. Ist es nicht vorstellbar, dass eine KI alle Daten der Belegschaft über deren Fähigkeiten und Kenntnisse, deren Werdegang, deren Führungsfähigkeiten, deren Psyche mit Vorlieben, Interessen, Wünschen ‚kennt' und zudem jeden Morgen beim Betreten des Werkes oder des Büros Gesicht, Gang und Sprache aufnimmt, um die gegenwärtige Gemütslage daraus zu berechnen – und das für alle? Könnte die KI daraus ableiten, ob eine bestimmte, vom betriebswirtschaftlichen Standpunkt optimale Strategieoption auch mit dieser Belegschaft umzusetzen ist? Könnte die KI dem Unternehmenslenker eine passgenaue Rede schreiben, mit der er seine Truppen hinter sich versammeln kann? Könnte die KI auf ähnlichem Wege die Interessen der verschiedenen Stakeholder erfassen, Strategieangleichungen vornehmen und Kommunikationsstrategien für sie entwickeln? Vielleicht. Dies ist Zukunftsterrain. Viele Konjunktive. Wir glauben, dass das noch sehr lange in der Hand des empathischen CEOs bleiben wird – trotz autonom fahrender Autos.

Die Empathie ist letztlich DAS Element, das die *raison d'être* **des Unternehmenslenkers vor der KI schützen wird, wobei die äußere Empathie eher angegriffen werden wird als die innere.** Die KI wird nicht in der Lage sein, die von ihr entwickelten Strategieoptionen auf organisatorische und gesellschaftliche Akzeptanz abzuklopfen und die notwendige Überzeugungsarbeit zu leisten, ohne die Strategien nicht erfolgreich sein können. Und es wäre absurd, wenn die KI sich selbst infrage stellen würde. Das sollte nur das Entscheidungsteam des Unternehmens können.

Regel 6: Alles ist relativ. Die Struktur ist wichtiger als der Fakt

Regel 3 besagt, dass wir an Probleme ganzheitlich herangehen müssen, es uns aber nie perfekt gelingen wird, die Ganzheit zu erfassen. Ein Zerlegen in Unmengen von Informationen und Details funktioniert nicht. Was bleibt, ist Strukturen zu schaffen, die das Wesen des Ganzen widerspiegeln, und aus diesen Strukturen zu Schwerpunkten zu kommen. Dadurch können wir dem Ganzen nahekommen und die Komplexität halbwegs auflösen.

Das Strukturieren genießt im Management eher ein Schattendasein – der wesentliche Vorteil eines guten Strategen und Strategieberaters ist genau dieses. In unserem schon genannten Fragebogen haben wir erkundet, ob unseren 170 Masterstudenten und Doktoranden[92] die Struktur wichtiger sei als der Fakt. Die Mehrheit (59 %) meinte, der Fakt. Das

---

[92] *Siehe Einleitung.*

Verständnis, dass Fakten im luftleeren Raum hängen, falls sie nicht in eine Struktur gestellt werden, fehlte.

Der französische Philosoph Michel Foucault[93] war der Erste und wohl auch Einzige, der versuchte, den schwierig zu fassenden Begriff der **Struktur** zu umschreiben. Michel Foucault verstand Struktur als die Form der Teile, ihrer Quantität, der Weise, wie sie verteilt sind und in Beziehung zueinander stehen, sowie ihrer relativen Größe. Der geniale Naturforscher des 14. Jahrhunderts, Nicolas Oresme,[94] Bischof und Lehrer des französischen Königs, stellte fest, dass eine kleine Unordnung zu Beginn einen gewaltigen Unterschied in den Wirkungen zur Folge haben kann. Eben diese Unordnung ist durch kluges Strukturieren zu vermeiden. Dies muss dem strategischen Management innewohnen.

Der Mensch denkt in Zusammenhängen. Nur die einzelne Tatsache aufzunehmen, ist noch kein Denken, sondern eine Reflexion. Der einzelne Fakt macht nur dann Sinn, wenn er in einem Zusammenhang steht. Auch das Absolute macht in der Wirtschaft keinen Sinn. Alles ist relativ, auch deshalb ist die Struktur, die Beziehung wichtiger als der Fakt. *„Nichts trägt einen Sinn in sich. Der wirkliche Sinn der Dinge liegt im Gefüge"*, meint Antoine de Saint-Exupéry.[95] Strategisches Denken erfordert, dieses Gefüge, die Struktur zu erfassen. Der Sinn der Dinge liegt in ihrer Struktur, nicht in ihrem isolierten Sein (Abb. 3.2).

Ein Kentrosaurus ist gegenüber dem Futalognkosaurus ein Zwerg, gegenüber einem Hund ein Riese. Der Marktanteil von Adidas ist groß, aber relativ zu Nike verbesserungsbedürftig. Ein absolut geringer Marktanteil kann relativ der größte sein. Und umgekehrt. Alles ist relativ, alles gehört in einen Kontext, die Struktur ist wichtiger als der Fakt

> *Strukturieren und zum Wesen vordringen – eine chinesische Fabel*
> *Der weise Lehrer nimmt einen großen leeren Wasserkrug mit einer weiten Öffnung und stellt ihn auf den Tisch vor sich. Dann legt er zwölf faustgroße Steine vorsichtig in den Wasserkrug. Als er den Krug mit den Steinen bis oben gefüllt hat und kein Platz mehr für einen weiteren Stein ist, fragt er, ob der Krug jetzt voll ist. Alle sagen: „Ja!"*

---

[93] *Michel Foucault (1926–1984), einflussreicher französischer Philosoph und Psychologe (nicht zu verwechseln mit dem Physiker Jean Bernard Léon Foucault, der die Pendelversuche zur Erdrotation einführte).*

[94] *Nicolas Oresme (1330?–1382), französischer Bischof und einer der bedeutendsten Naturwissenschaftler und Philosophen des 14. Jahrhunderts.*

[95] *Saint-Exupéry, Ein Lächeln ist das Wesentliche, Karl Rauch Verlag, Stuttgart, 2007, S. 32.*

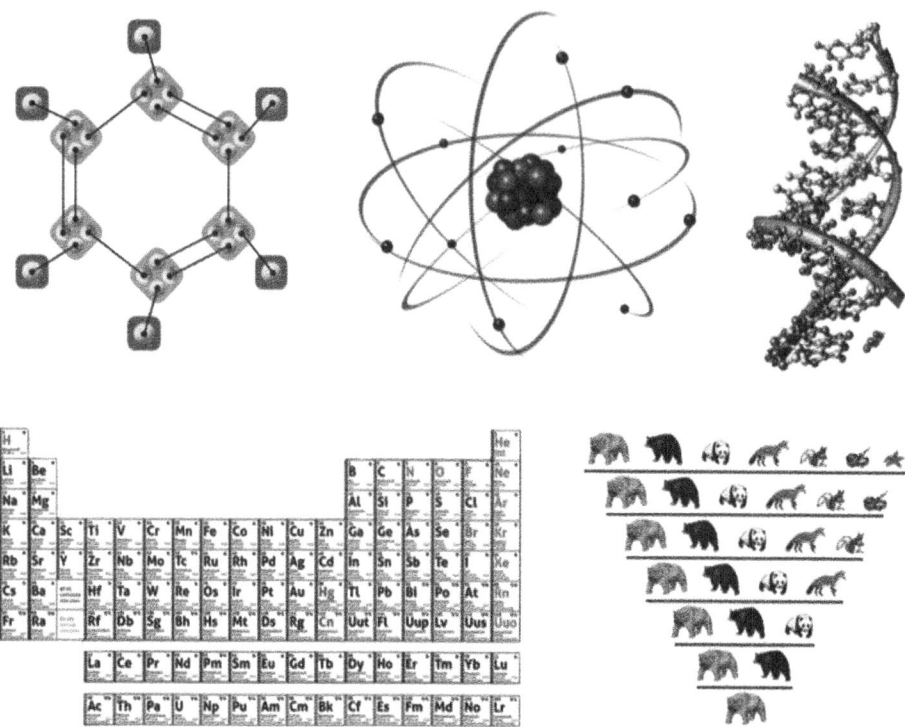

Abb. 3.2 Strukturen, die in die Wissenschaftsgeschichte eingingen (Benzolring, Atommodell, Doppelhelix, Periodensystem, Systema Naturae)

Er fragt: „Wirklich?", greift unter den Tisch und holt einen Eimer mit Kieselsteinen hervor. Einige hiervon kippt er in den Wasserkrug und schüttelt diesen, sodass sich die Kieselsteine in die Lücken zwischen den großen Steinen setzen. Er fragt die Gruppe erneut: „Ist der Krug nun voll?" Jetzt hat die Klasse ihn verstanden und ein Schüler antwortet: „Wahrscheinlich nicht!"

„Gut", antwortet der Lehrer. Er greift wieder unter den Tisch und bringt einen Eimer voller Sand hervor. Er schüttet Sand in den Krug und wiederum sucht sich der Sand den Weg in die Lücken zwischen den großen Steinen und den Kieselsteinen. Anschließend fragt er: „Ist der Krug jetzt voll?" „Nein!" rufen seine Schüler. Noch einmal sagt er: „Gut!" Dann nimmt er einen mit Wasser gefüllten Krug und gießt das Wasser in den anderen Krug bis zum Rand. Nun schaut er die jungen Menschen an und fragt: „Was will ich euch lehren?" Als er nicht gleich eine Antwort bekommt, fährt er fort. „Wenn du nicht zuerst den Krug mit den großen Steinen füllst, kannst *du sie später nicht mehr hineinsetzen. Denke immer erst nach, was die großen Steine sind, und bringe diese zuerst in dein Leben, sonst bekommst du sie nachher nicht mehr unter. Dazu musst du wissen, was dein Kern ist. Dann teile dein Leben in große Steine, Kieselsteine und Sand ein, bevor du anfängst, vor allem die großen Steine voranzutreiben. Wenn du zuerst mit den unwichtigen Dingen beginnst, dann füllst du dein Leben mit kleinen Dingen und beschäftigst dich mit Sachen, die keinen Wert haben, und du wirst nie die wertvolle Zeit haben für große und wichtige Dinge."*

In den Naturwissenschaften werden mit der Aufdeckung von grundlegenden Strukturen oft Quantensprünge im Verstehen und in der Verständlichkeit eines Problems gemacht. Exemplarisch können hierfür stehen:

- Die Species Plantarum und die Systema Naturae von Linné[96]
- Der Benzolring von Kekulé
- Das Atommodell von Niels Bohr[97]
- Die Doppelhelix in der Genforschung
- Das von Mendelejew aufgestellte Periodensystem der Elemente

Alle diese uns aus der Schule bekannten Strukturen waren sowohl Ende als auch Anfang von Denkprozessen und Meilensteine der Forschung. Zu den meisten von ihnen gibt es bezogen auf ihre übertriebene Einfachheit Kritik. Aber Vereinfachung öffnet die Tür, um das Wesentliche zu verstehen, und ist deshalb fester Bestandteil der Strukturierung. Die Abbildung zeigt die genannten Strukturen. Sie sind in die Geschichte eingegangen.

Es gibt in der Wirtschaft – wenn auch zu wenige – ähnlich eindrucksvolle optische Bilder wie in den Naturwissenschaften. Sie helfen uns, auf einen Blick Wesentliches zu verstehen und mit einem zweiten Blick die Schwerpunkte zu bestimmen. SWOT, Porters fünf Kräfte, die BCG-Matrix, die Ansoff-Matrix, die Erfahrungskurve oder die S-Kurve können hier genannt werden. Alle 40, 50 oder mehr Jahre alt und noch immer präsent in Vorstandspräsentationen und Business-School-Vorträgen.

Bei der Strategiefindung ergeben sich für das Strukturieren drei Aufgaben:

- Komplexität aufzulösen, das Wesentliche zu bestimmen, um daraus Schwerpunkte abzuleiten,
- Wegweiser für das weitere Vorgehen, insbesondere für die analytische Arbeit zu sein und

---

[96] Carl von Linné (1707–1778), schwedischer Naturforscher, schuf die Grundlagen der modernen botanischen und zoologischen Taxonomie (Klassifizierung).

[97] *Niels Bohr (1885–1962), dänischer Physiker, bekannt für sein Atommodell, lieferte wichtige Beiträge zur Quantenphysik.*

- die Tür zu einer (optisch) einprägsamen Darstellung zu öffnen, die das Verstehen und Weitergeben unterstützt.

Der letzte Punkt mag banal klingen, verfügt jedoch über gewaltige katalytische Kraft:

- Vorstände und Strategen erfreuen sich an Grafiken. Bilder sagen mehr als Worte. Die Präsentation wird belebter, verständlicher und effizienter.
- Noch wichtiger ist, dass das Suchen nach einer optischen Darstellung die höchste Form des Nachdenkens ist. In der Sequenz Erfassen, Verstehen, Reflektieren steht sie an der Spitze. Das Suchen nach Bildern führt so zu neuen, anspruchsvolleren Ideen.
- Der Mensch hat Grenzen hinsichtlich des Denkens in mehreren Dimensionen. Das geeignete Hilfsmittel sind Bilder.

Wir werden auf das praktische Strukturieren noch eingehen (Schritt 2 des Strategieprozesses). Deshalb machen wir hinsichtlich der künstlichen **Intelligenz** hier nur einige eher philosophische Anmerkungen.

Eine Struktur „als die Form der Teile, ihrer Quantität, der Weise, wie sie verteilt sind und in Beziehung zueinanderstehen sowie ihrer relativen Größe" (Foucault, s.o.), kann auch die KI abbilden. Aber sie kann sie auf **Stufe I** nicht selbst entwickeln. Sie ist nicht in der Lage, die Datenmassen in Strukturen zu drängen, die die Komplexität auflösen und als Grundlage für eine effiziente analytische Arbeit dienen. *„Phantasie haben heißt nicht, sich etwas auszudenken, es heißt, sich aus den Dingen etwas zu machen".*[98] Die sammelnde und bündelnde KI der Stufe I hat keine Phantasie. Man muss ihr Strukturen vorgeben, um zu Aussagen zu kommen.

Auf der Stufe II sprengt die KI die Fesseln der Phantasielosigkeit. Es eröffnen sich für sie zwei Möglichkeiten, um das Problem des „kreativen Strukturierens" zu packen:

- **Sie lernt aus ähnlichen Situationen**, sucht, wie dort die Komplexität aufgelöst wurde, und kommt so zu einer geeigneten Leitstruktur.
- Die KI verzichtet auf das Strukturieren. **Sie simuliert Tausende von möglichen strategischen Varianten**, egal ob sie strukturell geordnet sind. Auf diese Weise kommt sie zu einer Variante, die dem Zielkriterium am besten entspricht. Den intellektuellen und kreativen Ballast des Strukturierens lässt sie unter den Tisch fallen.

Der Mensch versucht es durch Denken, der Computer kann sich unzähliger Simulationen bedienen oder aus unzähligen Beispielen eine Struktur ableiten. Nicht perfekte Induktion und nicht perfekte Deduktion treffen sich. Beide sind perfekt unperfekt. Die Abb. 3.1 zur Kreativität könnten wir unisono auch für das Entwickeln der Leitstruktur anwenden.

---

[98] *Thomas Mann, Buddenbrooks.*

Regel 7: Ohne Ziel keine Strategie

Jemand hat ein Ziel und will dieses erreichen. Er entwickelt seine Strategie. Der Gegenstand kann der Kauf eines Hauses, die Eröffnung eines Restaurants oder eine weltbeherrschende Stellung bei Mikrochips sein. Der Ansatz ist gleich.

Konfuzius sagt: *Wer das Ziel kennt, kann entscheiden.*

Viele Philosophen und einige Religionen betonen, dass der Weg selbst das Ziel sei. Die Lehre des Taoismus, die wesentlich von Laotse geprägt wurde, kommt zu dieser Aussage. Auch Aristoteles forderte, Ziel und Weg als Einheit zu sehen. Albert Einstein schlug in dieselbe Kerbe, nur wesentlich prosaischer: „Ein glücklicher Mensch ist zu zufrieden mit der Gegenwart, um sich viele Gedanken über die Zukunft zu machen."

Diese Geistesgrößen stellten Harmonie, Ordnung und Bildung in den Mittelpunkt ihrer Philosophie. Ziele, auf die wir zugehen können, die wir aber in absoluter Vollkommenheit nie erreichen werden. Deshalb ist der Weg zu ihnen, das gelassene Voranschreiten zu unerreichbarer Vollkommenheit, selbst das Ziel. Steve Jobs erklärte den Weg als Ziel zu seiner Lieblingsmaxime.[99]

In einer wettbewerbsorientierten Wirtschaftsordnung geht es nicht um eine unerreichbare Vollkommenheit, sondern um erreichbare Unvollkommenheit. Es geht um klare Ziele, die kurz- oder mittelfristig erreicht werden sollen und dazu klare Strategien voraussetzen. In der Wirtschaft bestimmt das Ziel den Weg.

Max Tegmark hat in seinem Buch „Leben 3.0" einen tiefschürfenden Abschnitt den biologischen, ethischen, freundlichen und unfreundlichen Aspekten von Zielen in der digitalen Welt gewidmet. Wir stimmen ihm zu, dass dies eines der heikelsten philosophischen und auch ganz praktischen Themen der künstlichen Intelligenz ist.

Ziele sollen vom Dirigenten vorgegeben werden und nicht von Musikern mit perfekten Instrumenten. Eigene Ziele der KI bedeuten deren Selbstständigkeit. Der menschliche Dirigent hat den Taktstock verloren. Für uns ist der Punkt, an welchem sich die KI ihre eigenen Ziele setzt, der Übergang zur Superintelligenz, zur technologiscchen Singularität.

Die KI des Deep Learnings wird sich keine eigenen Ziele setzen, aber sie kann unmenschliche Ziele eingeimpft bekommen. „*Je intelligenter und leistungsfähiger Maschinen werden, umso wichtiger wird die Abstimmung ihrer Ziele mit unseren Zielen*", meint Tegmark[100]. Wir stimmen ihm zu.

Wir denken, dass die Zielbestimmung die ureigenste Aufgabe des Strategen bleiben wird. Hier kann und sollte die künstliche Intelligenz nicht helfen. Sie sitzt in den Startblöcken, wartet auf das Ziel und legt los. Irgendein Stratege muss der KI sagen, was er von ihr erwartet, wobei sie ihm helfen soll.

---

[99] *Isaacson, a.a.O., S. 173.*

[100] Phantasie haben heißt nicht, sich etwas auszudenken, es heißt, sich aus den Dingen etwas zu machen *Tegmark, a.a.O. 386.*

Literatur

Bausch, Königs, Krumm (2004) Mehrsprachigkeit im Fokus. Gunther Narr, Tübingen
Domingos P (2017) The master algorithm. Penguin Books, London
Fan S (2019) Macht künstliche Intelligenz uns überflüssig? DK/Penguin Random House, London

4

Sieben Schritte sind zur Strategiefindung zu gehen – die KI erledigt die meisten im Sprung

Neben den bisher dargelegten eher „soften" Regeln hat der Strategieprozess auch eine harte, praktische Seite: Es sind konkrete Ziele zu setzen, es ist zu strukturieren, zu analysieren, Optionen sind zu bilden, zu bewerten, es ist zu entscheiden und zu überzeugen. Ohne diese Hausaufgaben zumindest im Kopf abzuwickeln, bleibt der Stratege unseriös.

In ihrem humorvoll geschriebenen, lesenswerten Buch stellen Howell und Malham fest: *„Business is full of ‚strategists' who don't know how to strategize, developing strategies for clients who don't know what strategy means."*[1] Dieser Gefahr wollen wir begegnen.

Methoden stehen nicht im Vordergrund, da die Strategiebildung keine Sammlung von Methoden ist. Sie gehören dazu, genau wie die Farblehre zum Maler oder die Notenlehre zum Komponisten gehören, ohne dass diese durch sie zu Künstlern werden. Auch hier teilen wir die Auffassung von Howell und Malham: *„Some think strategy is a tool. That's another mistake"*[2]

Wie bereitet sich ein kluger General vor, bevor er in die Schlacht zieht? Wie packten es große Strategen wie Napoleon, Admiral Nelson oder Alexander der Große an?

1. Große Strategen legen zunächst **Ziele** fest: Geht es darum, die Schlacht, koste es, was es wolle, zu gewinnen? Oder soll versucht werden, Verluste zu vermeiden, getreu dem Motto des Urstrategen Sun Tsu[3], dass die größte Leistung darin bestehe, den Widerstand des Feindes ohne einen Kampf zu brechen? Oder liegt das Ziel darin, die Schlacht so lange hinauszuzögern, bis Verstärkung kommt oder der Gegner Probleme mit dem Nachschub hat?

---

[1] Howell/Malham: I have s strategy, Josey-Bass, San Francisco, 2013, S. 31

[2] A.a.O., S. 13

[3] Sun Tzu lebte vor 3000 Jahren, sein Werk „Die Kunst des Krieges" ist bis heute Bestseller und Pflichtliteratur an Business Schools

© Der/die Autor(en), exklusiv lizenziert durch Springer-Verlag GmbH, DE, ein Teil von Springer Nature 2021
K. Wetzker, P. Strüven, *Künstliche Intelligenz gegen Chefetage*,
https://doi.org/10.1007/978-3-662-62718-1_4

2. In Kenntnis des Zieles klären die Strategen, was am wichtigsten ist. Sie zeichnen das Gefüge, die **Grundordnung** auf. Artillerie oder Kavallerie, Attacke oder Verteidigung? Sind Nachschub und Motivation kritisch? Was ist entscheidend? Bei Admiral Nelson war es die Sicherung einer koordinierten losen Schlachtordnung, bei Napoleon die Attacke und Flexibilität durch überraschende Angriffe und bei Alexander dem Großen die Motivation der Soldaten, die Hunderte oder Tausende Kilometer von ihren Familien getrennt waren. Das waren die Grundlinien, die Leitstrukturen, um diese herum musste sich alles Weitere aufbauen.

3. Wenn Ziel, Grundstruktur und Schwerpunkte klar sind, geht der Stab ins Detail. Er lässt **analysieren**, was sie selbst können, was der Gegner kann, was das Gelände zulässt. Die Strategen schaffen sich ein Bild über die äußeren Bedingungen und die eigenen Möglichkeiten.

4. Mit diesem Wissen ausgerüstet werden die **Optionen aufgelistet**: Auf die Nacht warten? Angriff über die Flanke oder aus der Mitte heraus? Kavallerie vor der Artillerie oder umgekehrt? Reserven halten oder gleich mit voller Kraft losschlagen?

5. In der Folge wird der Stab diese **Optionen abwägen** und die aus seiner Sicht sinnvollste herausarbeiten. Hauptkriterium für das Abwägen wäre, wie weit die einzelne Option den Zielen entspricht. Diese anscheinend beste Option wird dem Oberbefehlshaber dargelegt.

6. Alsdann **entscheidet** der Oberbefehlshaber anhand seiner Erfahrungen und Interessen sowie unter Berücksichtigung der vorgeschlagenen Option. Die Strategie ist geboren.

7. Schließlich wird sich der Oberbefehlshaber vor das Heer oder die Offiziere stellen und versuchen, von der Strategie zu **überzeugen** und für diese zu motivieren.

Diese sieben Schritte sind zur Entwicklung einer Strategie allgemeingültig und zeitlos. Nicht zufällig kommen die ersten Strategietheorien aus dem Militär. Sun Tsu hat diese vor 2500 Jahren auf Bambus geschrieben. Bis vor sechzig Jahren spielte die Kategorie „Strategie" nur beim Militär eine Rolle.

Logik und Schrittfolge der drei Heerführer gelten auch für die Wirtschaft. Sie geben das Gerüst, sich auf dem Weg zum Ziel, zur Strategie nicht zu verirren.

Die sieben Schritte werden in Zukunft auf neuen Wegen gegangen werden. **Die künstliche Intelligenz** bedrängt die gewohnten Spurrinnen. Wo bereichert sie die Schritte, ohne sie zu ersetzen? Wo nimmt sie Abkürzungen, lässt Schritte aus? Fragen von heute, die vor wenigen Jahren noch nicht gestellt wurden. Die Welt hat einen Sprung gemacht. Viele Entscheider kauern noch in den Startlöchern.

> *Ein ungewöhnliches, amüsantes Beispiel – das sogenannte „Dining Philosophers' Problem". Sieben Schritte zur Vermeidung des Hungertodes.*

Fünf Philosophen sitzen an einem runden Tisch. Jeder hat einen Teller mit Spaghetti vor sich. Zum Essen von Spaghetti benötigt jeder Philosoph zwei Gabeln. Allerdings waren im Haushalt nur fünf Gabeln vorhanden, die nun zwischen den Tellern liegen. Die Philosophen können also nicht alle gleichzeitig

Philosophen sitzen am Tisch und denken. Wenn einer hungrig wird, greift er zuerst die Gabel links von seinem Teller, dann die auf der rechten Seite und beginnt zu essen. Wenn er satt ist, legt er die Gabeln wieder zurück und beginnt wieder zu denken. Sollte eine Gabel nicht an ihrem Platz liegen, wenn der Philosoph sie aufnehmen möchte, so wartet er, bis die Gabel wieder verfügbar ist.

Solange nur einzelne Philosophen hungrig sind, funktioniert dieses Verfahren wunderbar. Es kann aber passieren, dass sich alle fünf Philosophen gleichzeitig entschließen, zu essen. Sie ergreifen also alle gleichzeitig ihre linke Gabel und nehmen damit dem jeweils links von ihnen sitzenden Kollegen seine rechte Gabel weg. Nun warten alle fünf darauf, dass die rechte Gabel wieder auftaucht. Das passiert aber nicht, da keiner der fünf seine linke Gabel zurücklegt. Die Philosophen verhungern.

Um zu einer Lösung zu kommen, bei der keiner der Philosophen sterben muss, könnten unsere sieben Schritte der Strategiefindung herangezogen werden.

*Es ist ein **Ziel** zu setzen: Niemand soll verhungern.*

*Das Problem muss verstanden und **strukturiert** werden: knappe Ressourcen mit der Möglichkeit eines Engpasses (deadlock); Essverhalten der Philosophen.*

*Es sind das **Umfeld sowie die Fähigkeit** der Philosophen zu **analysieren,** in der gegebenen Situation zu reagieren (präzises Bild über das Essverhalten, Wahrscheinlichkeiten und Ursachen der Engpasssituationen, Egoismus versus Verbundenheit der Philosophen).*

*Es sind **Optionen** zur Lösung des Problems **aufzuzeigen**: Rhythmus des Essens, Sitzordnung in Abhängigkeit von den Essgewohnheiten, Berücksichtigung von Bioströmen etc.*

*Die Optionen sind basierend auf dem Zielkriterium zu **bewerten**. Bei welcher Option wird das Ziel, dass niemand verhungern soll, mit der größten Sicherheit erreicht?*

*Auf der Grundlage der Vorzugsoption ist eine **Entscheidung** zu treffen.*

*Jeder einzelne Philosoph ist von der Entscheidung zu **überzeugen**. Falls ein Philosoph dagegenspricht, kann die strategische Entscheidung nicht durchgesetzt werden.*

Schritt 1: Ziele setzen – Startpunkt jeder Strategie

Wir schließen hier nahtlos an Regel 7 des vorherigen Abschnittes an: **Ohne Ziel macht eine Strategie keinen Sinn.** Wir leiten unsere Strategie aus Zielen ab, die wir gesetzt haben. Ein Ziel (griechisch: telos, lateinisch: finis, chinesisch: 目標) ist das Versprechen, einen erstrebenswerten Zustand zu erreichen.

Doch wie kommen wir zu Zielen? Ein Ziel zu erreichen, erfordert eine zweckgerichtete Handlung. Diese zweckgerichtete Handlung ist die Umsetzung der Strategie. Das Ziel ist Ausgangspunkt und Endpunkt des Strategieprozesses: Ausgangspunkt, da wir es brauchen, ehe wir uns auf den Weg machen können. Endpunkt, da mit dem Erreichen des Zieles die Strategie sich vollzogen und im günstigen Fall bewiesen hat.

Die Vergangenheit prägt und belastet unsere Erfahrung, unsere Intuition. Wir kommen an ihr nicht vorbei. Wie können wir uns von ihrem Einfluss freimachen? Zwei Koryphäen geben eine Antwort:

- William Shakespeare: *„Auf Dinge, die nicht zu ändern sind, muss auch kein Blick zurück mehr geworfen werden. Was getan ist, ist getan und bleibt's."*
- Steve Jobs: *„Man kann die Zukunft am besten voraussagen, indem man sie erfindet."*[4]

Wir folgen diesen Giganten. Ein erfolgreich agierendes Unternehmen sollte seine **Ziele nicht auf der Vergangenheit aufbauen.** Brillante Manager setzen neuartige Ziele. Sie sind mutig und neugierig. Sie stellen bei der Zielbestimmung nicht den Status quo, Benchmarks und die Best Practice in den Mittelpunkt. **Sie retropolieren aus der Zukunft, statt in die Zukunft zu extrapolieren.**

In der Wirtschaftsliteratur sind überreichlich Kategorien zur Gestaltung der Zukunft zu finden: Mission, Vision, Intention, Aspiration, Leitbild, Planziel, strategisches Ziel und vieles andere mehr. Sinnvoll ist es aus unserer Sicht, drei Ebenen für die Zielvorstellungen eines Unternehmens abzugrenzen: die vorausschwebende Ebene der **Mission**, die bestimmende Ebene des **strategischen Zieles und der Vision** und die operative Ebene des **Planzieles**.

Planziele sind konkret und rechenbar mit klaren Kriterien zur Messung ihrer Erfüllung und zur Motivation der Mitarbeiter. Sie geben eine Detaillierung der Strategie für das folgende Jahr. Die Materialkosten um 5 % im Planjahr zu senken, vor allem durch Recycling und Leichtbauweise, ist ein typisches Planziel.

Bei strategischen Zielen und Visionen geht es um Vorhaben ohne Details, aber konkret genug, um daraus Pläne, Meilensteine und Budgets ableiten zu können. Strategische

---

[4] Isaacson, Steve Jobs, Certelsmann Verlag, München, 2011, S.122

Ziele und Visionen zeigen in dieselbe Richtung. Der Unterschied besteht darin, dass die Vision qualitativ ist. Strategische Ziele sind konkreter und meist mit Zahlen unterlegt. Strategische Ziele und Visionen haben das gleiche Anliegen: die Ansprüche für die nächsten Jahre zu definieren und damit Ausgangspunkt und Grundlage für die Strategie zu sein. Auf dem asiatischen Markt Marktführer zu werden, wäre eine Vision. 1.000.000 Autos innerhalb von fünf Jahren in China zu verkaufen, ist ein strategisches Ziel.

Die Mission gibt dem Unternehmen einen Sinn. Sie ist im Grunde genommen „zeitlos". Es ist das Postulat einer Organisation zu ihrem Selbstverständnis, zu ihren Wertvorstellungen, zur Existenzberechtigung[5], es ist ihre *raison d'être*, heute auch häufig *purpose* oder Unternehmensleitbild genannt. Für eine Mission ist der Weg das Ziel, da man sie nie vollkommen erreichen kann. Wir halten eine Mission für unentbehrlich. Grant[6] sieht den Slogan von Walt Disney „*to make people happy*" als Mission[7] an. Damit trifft er anschaulich den Kern des Begriffes Mission. Es ist wichtig, dass die Mission Herz und Bauch berührt, dass man stolz auf ihre Botschaft ist. Lieber Winston Churchill: „*Darum sage ich Ihnen: Lassen Sie Europa entstehen*",[8] als eine Banalität wie „*Wir sind das Unternehmen, das Wert für die Aktionäre und alle Stakeholder schafft*".

Vier strategische Ziele sind obligatorisch, sind Pflichtziele:

- Der **Ertrag**, die Liquidität, eine gesunde, weiter zu stärkende finanzielle Position des Unternehmens.
- **Relatives Wachstum**, Absicherung und Stärkung der Marktposition.
- **Differenzierung**, Vorteile durch Einmaligkeit.
- **Nachhaltigkeit:** nichts anzugehen, was auf Kosten der Zukunft geht. Das bezieht die Verantwortung für Umwelt und Soziales genauso ein wie die Verantwortung für den zukünftigen Erfolg des Unternehmens.

Die gesunde und zu stärkende finanzielle Position, Nachhaltigkeit sowie die Absicherung und Stärkung der Marktposition sind evident.

Der Königsweg, um zu relativem Wachstum und starker Marktposition zu kommen, ist **die Differenzierung.** Differenzieren heißt, etwas anders zu machen als die anderen; unersetzbar, nicht austauschbar und möglichst auch schwer kopierbar zu sein. Differenzierungsvorteile sind nachhaltiger als Wachstums- oder Ertragspositionen. Sie ermöglichen Extrarenditen über relativ lange Zeiträume hinweg. Innovative Pharmaerzeugnisse, die zu

---

[5] Montgomery, vgl dazu Putting leadership back into strategy, Harvard busines review, Boston, January 2008

[6] Grant, Contemporary strategy analysis, Blackwell, Oxford, 2008

[7] Walt Disney selbst nennt dies auch „core purpose"

[8] Winston Chruchill in seiner Rede an die akademische Jugend der Universität Zürich, 19. September 1946

Blockbustern werden, die Kunstfabrik von Andy Warhol oder die Autos von Porsche stehen dafür Pate.

> *Es war hier ein Zufall, der diese marktbeherrschende Position begründete. Die Legende besagt, dass Rodolphe Lindt an einem Freitagabend vergessen hatte, seine wasserradgetriebene Schokoladenrührmaschine abzuschalten. So lief sie über das gesamte Wochenende und die Bitterstoffe verflüchtigten sich. Als Herr Lindt am Montagmorgen den Finger hineintauchte und ihn zu den Lippen führte, soll er begeistert gewesen sein. Die Schokolade zerfiel nicht, wie gewohnt, im Munde zu Staub. Sie zerging auf der Zunge.*
>
> *Ein genussvolles Beispiel für die Differenzierung ist die Geschichte des Schweizer Schokoladenproduzenten Rodolphe Lindt. Ihm wurden seine Schoko-Riegel aus den Händen gerissen. Er konnte sich über Jahrzehnte weigern, zu wachsen. Seine ‚Chocolat fondant' war unangefochten. Der Marktanteil bei feiner Schmelzschokolade betrug hundert Prozent. Es gab sonst niemanden, der in der Lage war, solche Schokolade zu produzieren. Lindt war hochzufrieden. Wachstum war für ihn keine Überlebensfrage. Nach zwanzig Jahren an der Spitze des Unternehmens verkaufte er 1899 seine Fabrik.*

Die Harvard-Professorin Cynthia Montgomery stellte fest, dass sich Unternehmensführer stets drei Fragen stellen sollten. Diese ziehen schonungslos den Schleier vom Ausmaß der Differenzierung und Ersetzbarkeit eines Unternehmens.

* Wenn Ihr Unternehmen geschlossen würde, wer hätte damit ein Problem und warum?
* Welcher Ihrer Kunden würde Sie am meisten vermissen und warum?
* Wie lange würde ein anderes Unternehmen brauchen, um die entstandene Lücke zu füllen?[9]

Neben den grundsätzlichen Zielen Ertrag, relatives Wachstum, Differenzierung und Nachhaltigkeit gibt es nachgeordnete, meist detailliertere, konkretere Ziele, welche die generellen Ziele unterstützen. Sie stehen im Mittelpunkt des alltäglichen Managements.

* **Prozessziele:** Kosten, Produktionsabläufe, Qualität, Service, Supply Chain. Hier trifft besonders zu, was Michael Porter pauschal feststellt: *„Der Kern einer Strategie besteht darin, Geschäftstätigkeiten anders als die Konkurrenz auszuführen."*[10]

---

[9] Montgomery, Putting leadership back into strategy, Harvard busines review, Boston, January 2008, S.57

[10] Scheuss, Handbuch der Strategien, Campus, Frankfurt am Main, 2008, S. 117

- **Marktziele:** Besetzung attraktiver Märkte und Kundensegmente, Etablierung eines überlegenen Images oder starker Marken, Preispolitik.
- **Produktziele:** neue oder überlegene Produkte oder Serviceleistungen.
- **Marktferne Ziele:** Ressourcenmanagement, Compliance, Talentmanagement, ökologischer Beitrag.
- **Gestaltungsziele:** Organisationsstruktur, Portfolio, Akquisitionen und Merger.

Die Frage der Anforderungen an Ziele nimmt in der Managementliteratur breiten Raum ein. Unzählige solcher Anforderungen an Ziele werden aufgelistet und geistern durch Vorstandspräsentationen. Am häufigsten sind: Präzision, Messbarkeit, Nachprüfbarkeit, Machbarkeit, Beständigkeit, Eignung für den eigenen Geschäftszweig.

„The Decisionbook" reiht unter der Abkürzung *Smart-Pure-Clear* insgesamt 14 solcher Anforderungen an strategische Ziele auf und gibt paradoxerweise dazu den Hinweis *KISS – Keep it Simple, Stupid.*[11] Wir halten solche Anforderungen zum Teil für falsch (Präzision), zum Teil für nichtssagend (Machbarkeit, Anspruch).

Unsere Erfahrung sieht **angespannte Ziele** als zweckmäßig an. Wir stimmen mit Michelangelo überein, *dass Menschen und Organisationen nicht an zu hohen Zielen scheitern, die sie nicht erreichen, sondern an zu niedrigen Zielen, die sie erreichen.* Sinnvoll erscheinen uns Ziele, die deutlich über dem (angenommenen) Möglichen liegen.

„Wenn du weißt, wie du das Ziel erreichst, ist es kein herausforderndes Ziel." (Jack Welch)

Es gibt keine optimalen Ziele. Ziele sind subjektiv und spiegeln stets auch Interessen wider. Für Interessen gibt es kein Optimum. Zu meinen, „es geht um die Interessen des Unternehmens", ist blauäugig, da es auch für das Unternehmen keine objektiven Interessen gibt.

Das Setzen von Zielen ist keine triviale Sache. Es wird unterschätzt und mit zu geringem Aufwand an Zeit- und Managementressourcen abgearbeitet. Es ist dennoch überraschend, wenn Chris Zook's Analyse ergab, dass über 70 % der Firmen Ziele prognostizieren, die sie nie erreichen.[12] Eine ernüchternde Zahl.

> *Daxue sagt: „Wenn man sein Ziel kennt, so hat man Festigkeit, hat man Festigkeit, so bekommt man Ruhe, hat man Ruhe, so bekommt man Sicherheit, hat man Sicherheit, so kann man nachdenken, durch Nachdenken erreicht man das Ziel."*

Für uns bleibt ohne Wenn und Aber die Zielbestimmung die ureigenste Aufgabe des Strategen. **Hier kann die künstliche Intelligenz den Strategen nicht ersetzen.** Die KI

---

[11] Krogerus/Tschäppeler, Decisionbook, Profile books, 2011, S. 20/21
[12] Zock, Beyond the core, Harvard Business Review, Boston, 2004

kann helfen, unsere Ziele zu erreichen, den Prozess zur Zielerreichung zu perfektionieren. Falls der Mensch das Zielsetzen der KI überlässt, wird er zum Spielzeug oder zum Sklaven. In der Stufe III im ersten Kapitel haben wir uns hierzu positioniert.

Schritt 2: Ordnen und strukturieren

Wir haben die Ziele bestimmt. Wir suchen die Strategie, die uns zu diesen Zielen führt. Dazu brauchen wir Fakten über das Umfeld und das eigene Unternehmen. **Fakten machen nur Sinn, wenn sie in einem Kontext stehen.** Regel 7 besagte, alles ist relativ. die Struktur ist wichtiger als der Fakt. Es ist Ordnung zu schaffen. Wir brauchen eine **Leitstruktur,** in die wir die Fakten einbauen können.

Theoretisch ist die Menge der strategischen Leitstrukturen, Strukturbilder unendlich. Es können Integrale, Vektoren, multidimensionale[13] Gebilde, funktionale Abhängigkeiten, Datenmosaike und vieles andere mehr Strukturen liefern. Praktisch halten wir für das strategische Management allerdings nur eine **endliche Zahl von Leitstrukturen** für sinnvoll. Aus der Endlichkeit folgt, dass der Stratege deduktiv, vom Umfassenden zum Konkreten herabsteigen kann. So findet er die geeignete Leitstruktur. Die Gefahr der situationsbezogenen Fehleinschätzung wird minimiert.

Unsere Hypothese der Endlichkeit beruht auf der Tatsache, dass wirtschaftsbezogene Strukturbilder verständlich sein müssen. Deshalb schließen sich überkomplizierte, drei- und mehrdimensionale Richtungen aus. Es gilt die Mächtigkeit der Einfachheit, die uns zu vier für das strategische Management lesbaren Denkrichtungen führt:

- **Eindimensionale vertikale und horizontale Ketten**, daraus abgeleitet Architekturen aus Vertikalem und Horizontalem
- **Eindimensionale strahlenförmige Gebilde** mit von einem Zentrum ausgehenden oder zu einem solchen hinstrebenden Vektoren
- **Zweidimensionale Konstellationen**, die **darstellend** wie Landkarten sein können
- **Zweidimensionale Konstellationen**, die **erklärend** sind, Abhängigkeiten widerspiegelnd

Eindimensionale vertikale und horizontale Ketten sind vor allem in Bezug auf die Wertschöpfung geläufig. Die **vertikale** Variante stellt die Stufen des Prozesses, der von der Rohstoffwirtschaft (vor allem Bergbau und Landwirtschaft, aber auch erneuerbare

---

[13] Im Strategiebuch von Grant finden wir einen dreidimensionalen Würfel mit den Dimensionen Länder (Märkte), Kundenindustrien, und Rohmaterial. Auf dieser Grundlage soll die Attraktivität der Segmente (in diesem Fall 144) bestimmt werden. Darauf aufbauend soll eine Wettbewerbsanalyse nach Porter durchgeführt werden. Das ist in der Praxis nicht durchführbar.

Energien, Sekundärrohstoffe, Vorleistungen u. a.) zum Endprodukt (Konsum- oder Investitionsgüter, Serviceleistungen) verläuft, dar.

Eine vertikale **Leitstruktur** bietet sich offensichtlich vor allem für über mehrere Stufen integrierte Unternehmen an. Diese können damit die Wertbeiträge, die Risiken, Kapazitätsengpässe der einzelnen Stufen als Ausgangspunkte für die strategische Entscheidungsfindung nutzen.

Wenn ein Schokoladenproduzent prüft, über welche Vorstufen er zum Endprodukt gelangt, kommt er zu den Kernprodukten Milch, Kakao und Zucker. Der Kakao hat dabei noch die hauptsächlichen Vorstufen Pflücken der Kakaobohnen, Rösten, Mahlen, Transport. Aufgrund der Untersuchung dieser Kette können Qualität und Versorgungssicherheit eingeschätzt werden. Für viele Schokoladenproduzenten ist die Kakaobohnenversorgung am kritischsten. Deshalb bauten einige von ihnen eigene Kakaoplantagen auf (Rückwärtsintegration). Eine Vorwärtsintegration wäre, eigene Schokoladenboutiquen zu etablieren, um Präsenz und Einzigartigkeit der Marke noch deutlicher herauszustellen.

Ketten haben auch eine **horizontale Dimension.** Verschiedene Vertikalen können horizontal auf einer Stufe aufgeschnitten werden. Aus dieser Betrachtung ergeben sich Optionen für parallele Verarbeitungslinien. Ein Stahlunternehmen hat die Optionen, kalt oder warm zu walzen, Hochqualitätsstahl für Kraftfahrzeuge oder Baustahl für die Armierung des Betons zu produzieren. Es wird versuchen, die Struktur der Rohstahlverarbeitung horizontal zu optimieren.

Die Verbindung von vertikalen und horizontalen Verkettungen führt uns zu einer „**Architektur**" der Ketten. Diese Architektur kann für jeden Baustein auf sein Wertpotenzial analysiert werden (Deconstruction). Aus dieser Betrachtung wird dann eine neue – zweckdienlichere – Architektur abgeleitet (Reconstruction). Die – gegebene oder potenzielle – Wertschöpfungsarchitektur eines Unternehmens wird nach den höchsten denkbaren Wertbeiträgen optimiert. Das geschieht vertikal und horizontal. Der vorhandene Trend des „Outsourcings" und „Insourcings" zielt darauf, sich die attraktivsten Elemente (Layers) in der Architektur zu sichern (Abb. 4.1).

In der Chemieindustrie hat sich die Architektur sowohl vertikal als auch horizontal in den letzten einhundert Jahren radikal verändert. Begonnen haben die großen weltweit agierenden Chemieunternehmen Anfang des letzten Jahrhunderts mit der Petrochemie, die Basischemikalien herstellte. Über die Jahre wurden diese immer weiter verarbeitet und zu Kunststoffen, Zwischenprodukten für praktisch alle Industrien, Agrochemikalien und sogar Pharmaprodukten veredelt. Wenn wir heute die Chemie aus den Produkten des täglichen Lebens herausnähmen, würden fast alle in sich zusammenfallen. Früher lag die Kunst in der chemischen Entwicklung und Produktion selbst, heute eher in der Lösung von Kundenproblemen (‚die federnde Sohle eines Laufschuhs'). Deshalb waren bis gegen Ende des letzten Jahrhunderts die großen Chemieunternehmen vertikal und horizontal weitgehend integriert – von der Petrochemie über Kunststoffe, Zwischenprodukte, Agrochemie

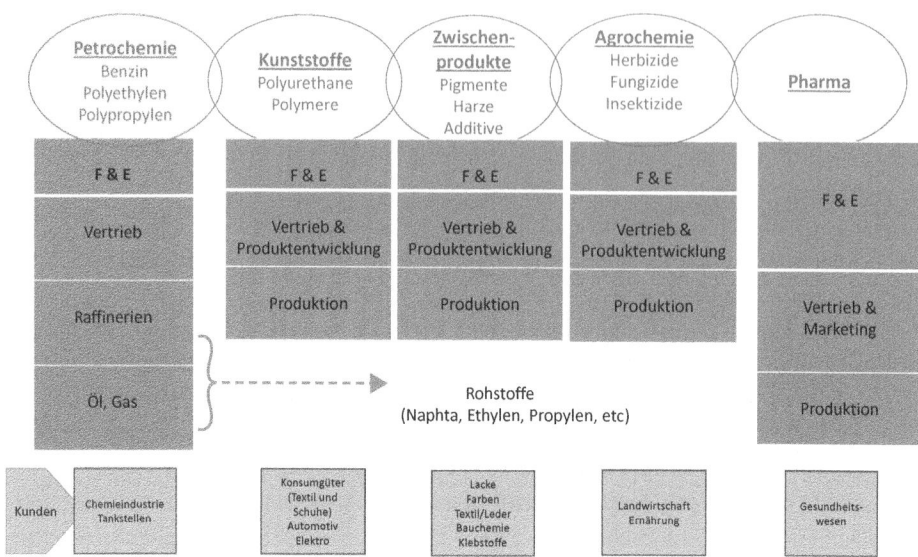

Abb. 4.1 Elementare Wertschöpfungsarchitektur der Chemieindustrie

bis zur Pharmaindustrie. Im Zuge der Dekonstruktion der Wertschöpfungsketten und Fokussierung auf die wertschaffendsten Stufen hat sich die Chemieindustrie sehr stark ausdifferenziert. Chemie und Pharma sind heute vollkommen getrennt, da das Wissen um chemische Zusammenhänge nur noch einen Bruchteil des Erfolges in der Pharmaindustrie ausmacht. Ebenso liegt die Petrochemie fast vollständig in den Händen der Ölproduzenten. In dem großen Bereich der weiterverarbeiteten Produkte gibt es alle vertikalen und horizontalen Kombinationen, Architekturformen – vom Unternehmen, das auf Lacke und Farben spezialisiert ist oder Motoröle entwickelt und über starke werbliche Unterstützung vermarktet, bis zum nach wie vor weitgehend integrierten Chemieriesen BASF mit fünf großen Verbundproduktionsstandorten weltweit.

Sich die attraktivsten Elemente zu sichern heißt nicht, sie zu besitzen. Die Informationsgesellschaft lässt das Eigentum an Elementen der Wertschöpfungsarchitektur mehr und mehr sekundär werden. Sie müssen nicht mehr Eigentümer der einzelnen Stufen sein, es reicht, sie über Abhängigkeiten zu kontrollieren.

Bei **strahlenförmigen Strukturen** in wirtschaftlichen Objekten wie Produkten und Unternehmen werden Wirkungen von außen bzw. nach außen dargestellt.

Der Outside-in-Austernansatz steht für die Anpassung eines Unternehmens an die äußeren Bedingungen. Wenn eine Auster Druck von außen spürt, zieht sie sich zusammen. Niemand kann die Schalen mit bloßen Händen öffnen und dennoch ist sie aus dieser Anpassungsposition heraus in der Lage, Perlen zu kreieren. Der Markt gibt uns Signale der Veränderung. Unsere Technologie gerät durch neue Verfahren unter Druck. Die Regulierung unterstützt neue Verfahren, da sie nachhaltiger sind. Die Kunden verändern ihr Verhalten. Neue Vertriebswege etablieren sich. Das Unternehmen (die Auster) kann sich dem öffnen oder verschließen. Diese **Leitstruktur** führt zu einem Bild der Positionierung des Unternehmens in seinem Umfeld. Schlussfolgerungen zu einer besseren Positionierung können den Strategieansatz prägen. Das überpräsente Paradebeispiel für den Austernansatz sind die „Five forces of Porter".

Der Inside-out-Oktopusansatz kehrt den Austernansatz um. Es wird nicht das, was auf das Unternehmen einwirkt, sondern das, was es selbst auf dem Markt erwirken kann, widergespiegelt. Es werden die Arme (Fühler) wie bei einem Kraken von innen nach außen gestreckt, um die eigenen Spielräume festzustellen. Wir dringen mit unseren Fangarmen vor und saugen uns dort fest, wo wir stark genug sind, um den Markt (die Nahrungsbeute) zu beherrschen. Wir vergleichen unsere Kompetenzen mit dem Markt und kommen zu strategischen Schlussfolgerungen.

Darstellungs- und Denkformen, die so geläufig sind wie die Wertschöpfungsketten oder die „Five forces of Porter", liegen für den Oktopusansatz nicht vor. Die Abbildung versucht, diese Lücke zu schließen. Wir halten den Oktopusansatz als **Leitstruktur** in allen Branchen für prüfenswert. Im Hightech-Bereich oder bei Unternehmen mit starken Marken ist er zwingend.

Amazon hilft, aus ‚allen' Waren die für den Konsumenten besten auszusuchen, und bringt diese schnell und günstig ins Haus. Damit **kombinieren** sie geschickt den Outside-in-Ansatz mit dem Inside-out-Ansatz. Sie nehmen die Zeichen des Marktes auf, sie signalisieren Lücken und weiße Felder. Sie kreieren mit eigenen Fähigkeiten einen neuen Ansatz und wirbeln damit den Wettbewerb durcheinander.

Alle Ketten- und Strahlenansätze sind darstellend und nicht erklärend. Dies ergibt sich aus ihrer Eindimensionalität.

Zweidimensionale Strukturmuster können dagegen auch Abhängigkeiten zeigen. Wir nennen dies **erklärend.** Andere zweidimensionale Strukturmuster sind lediglich **darstellend** wie die schon genannten Landkarten. Optisch werden zweidimensionale Strukturen als Matrizen oder kartesische Koordinatensysteme dargestellt.

In der Medizin wäre ein **darstellender Ansatz**, die Anatomie des Körpers zu bestimmen, die Anamnese vorzunehmen. Hier geht es noch nicht um Ursache und Wirkung, sondern um die Darstellung des Körpers. Aus diesem Kartenwerk können schon wichtige Schlussfolgerungen gezogen werden. Ein gebrochener Arm macht keine Ursache-Wirkung-Analyse notwendig. Der Arzt weiß, was zu tun ist. Der **erklärende Ansatz** würde auf wechselseitigen Abhängigkeiten aufbauen. Warum hat der Patient Rückenschmerzen? Sind die Verursacher der Schmerzen Reizungen der Wirbelsäule, Muskelspannungen oder Nierenprobleme? Die Analogien zur Wirtschaft sind offensichtlich.

Darstellende Matrizen gehören zu den häufigen Darstellungsformen im Rahmen von strategischen Erörterungen – meist in Form der Vier-Felder-Matrix. Dabei werden zwei Kriterien jeweils zwei Ausprägungen gegenübergestellt. Das Aufstellen einer Matrix erfordert Kreativität und auch Erfahrung. Es ist anspruchsvoll, die richtigen Kategorien zu wählen.

Am besten gefällt uns die Eisenhower-Matrix. Extrem einfach und aussagekräftig. Dringlichkeit versus Wichtigkeit. Wer sie als primitiv ansieht, liegt falsch. Bei unzähligen Board-Präsentationen dienen solche Bilder als Diskussionsgrundlagen.

Auch SWOT[14] und die Ansoff-Matrix[15] gehören zu den populären darstellenden Matrizen. Solche Bilder zeigen keine Abhängigkeiten und sind dennoch – zum Teil auch gerade deshalb – aussagekräftig.

Wir ordnen auch den **Trend** bei den **darstellenden** Strukturen ein, da es falsch wäre, hier von Abhängigkeiten zu sprechen. Er ist das geläufige Beispiel für ein mögliches Strukturbild ohne Abhängigkeiten im kartesischen Koordinatensystem. Trends sind als Denkmodelle geeignet, nicht als belastbare Grundlagen der konkreten Strategieentwicklung.

Das Ziel von **erklärenden Strukturbildern ist es, Abhängigkeiten von mehreren Strukturelementen** darzustellen. Wir ordnen hier diejenigen kartesischen[16] Koordinatensysteme ein, die nachweisbare Abhängigkeiten zwischen Strukturelementen darstellen. Auch die erklärenden Matrizen gehören hierher. Sie zeigen zwischen den ausgewählten und in die Matrix eingebauten Elementen nachweisbare Beziehungen, Ursache-Wirkungs-Zusammenhänge.

> *Die berühmte Fabel von Agrippa beschreibt die Macht der Abhängigkeiten und kann nicht nur für die Politik, sondern auch für das Stakeholder-Management Anregungen geben.*[17, 18]

> *Als die Plebejer 494 v. Chr. aus der Stadt zogen, um gegen ihre ungerechte Behandlung durch die Patrizier zu protestieren, versuchte Agrippa sie zu überzeugen, wieder zurückzukehren. Dazu trug er ihnen eine Parabel vor: Die Glieder des Körpers hatten ihre Tätigkeit eingestellt, um nicht immer nur dem faulen Magen dienen zu müssen. Dadurch hatten sie sich aber selbst geschwächt und merkten, dass in einem gegliederten Ganzen wie dem Körper (oder eben dem Staat) jeder Teil eine für das Ganze sinnvolle Funktion ausübt, dass sie voneinander abhängen. Die Plebejer sahen es ein und beendeten ihre Sezession.*

---

[14] SWOT – Strength, Weaknesses, Opportunities, Threats - werden in einer zweidimensionalen Matrix dargestellt.

[15] Auch die Competitive Advantage versus Market growth – Matrix von Anthony Miles ist erwähnenswert

[16] Das Adjektiv kartesisch geht auf René Descartes zurück

[17] Die Plebejer waren in der römischen Republik das einfache Volk, im Gegensatz dazu waren die Patrizier die Adligen

[18] Agrippa, römischer Politiker um 500 vor unserer Zeitrechnung

Kartesische Koordinatensysteme sind überschaubar. Größe versus Profitabilität, Bodenwert versus Erträge, Flugstrecken versus Kapazitätsauslastung usw. können der Strategiefindung als Leitfaden dienen. Auch Dinge wie Korrelationen, Regressionen und Verteilungen, bei denen die Berechnung die lineare Ebene verlässt, sind hier einzuordnen.

Das wohl bekannteste, beinahe überstrapazierte Beispiel ist die **Erfahrungskurve**. Oft wird sie sehr oberflächlich demonstriert, ohne das Wesen der Abhängigkeiten voll auszuloten.

Die Erfahrungskurve stellt das über die Zeit kumulierte Volumen den Stückkosten gegenüber und kommt zu einer deutlichen Abhängigkeit für die meisten Industrien und Dienstleistungen durch zwei Treiber,

- den **Lerneffekt** (der mit dem über die Zeit kumulierten Volumen verbundene Erfahrungszuwachs) und
- den **Betriebsgrößen- oder Skaleneffekt** (schiere Größe).

Beide Effekte sind offensichtlich.

Die **Erfahrungskurve** summiert die beiden Effekte. Es ergibt sich, dass derjenige, der einen höheren relativen Marktanteil hat, über die geringeren Stückkosten verfügt und deshalb einen höheren Gewinn erwirtschaftet. Dies ist für die Strategie von Investitionen oder Desinvestitionen und von Preissetzungen eine Schlüsselfrage.

Die Boston Consulting Group hat diese Erkenntnisse genutzt, als sie Ende der 60er-Jahre des vorigen Jahrhunderts in der Halbleiterindustrie das ‚experience curve pricing‘ einführte. Dabei wurden die Preise für Transistoren und sogar die damals aufkommenden ‚calculators‘ so tief angesetzt, dass sie den Kosten entsprachen, die man erst in einigen Monaten aufgrund des dann vorhandenen kumulierten Volumens erwarten konnte. Das Ergebnis waren drastisch ansteigende Verkaufszahlen von Texas Instruments (TI) und eine darauf folgende Marktdominanz dieses Unternehmens. Diese Investitionen in die Preise aufgrund erwarteter Kostensenkungen kann man auch als ein klassisches Beispiel von ‚preemtive investment‘ interpretieren.

Die Erfahrungskurve ist eine perfekte Veranschaulichung des Strukturmusters der Abhängigkeiten. Falls sie als **Leitstruktur** gewählt wird, wird sich das strategische Management vor allem mit den kumulierten Volumina, den Betriebsgrößen, zu erwartenden Lerneffekten, der Preisbildung, den Marktanteilen und zielgerichteten Investitionen beschäftigen müssen.

Obwohl dieser Zusammenhang auch heute noch grundsätzlich gilt, gibt es zunehmend Effekte, die den reinen Erfahrungseffekt in den Schatten stellen. Dazu gehören der Wert der Marke, die sinkende Eigenwertschöpfung der Unternehmen, die Vorteile der marktnahen Produktion, Führung über Abhängigkeiten und nicht über Eigentum.

Es gibt viele andere Möglichkeiten der Nutzungen des **kartesischen Koordinatensystems** zur Fixierung von Leitstrukturen im strategischen Management. Am bekanntesten sind wohl die S-Kurve und die Veranschaulichung des Angebots- und Nachfragemechanismus. Die Hypothese zur Letzteren wurde bereits im 13. Jahrhundert aufgestellt und wird dem arabischen Scholaren mit dem beeindruckenden Namen Taqī ad-Dīn Abu 'l-ʿAbbās Aḥmad ibn ʿAbd al-Ḥalīm ibn ʿAbd as-Salām Ibn Taymiya al-Ḥarrānī zugeschrieben. Die Quintessenz ist, dass Angebot und Nachfrage zu den Preisen in einem gegensätzlichen Verhältnis stehen. Die S-Kurve hilft beim strategischen Management von Innovationen.

Die zweite wesentliche Form des zweidimensionalen Erklärens ist die **erklärende, messende Matrix**, in der zwei Variable gegenübergestellt werden, die in einer nachweisbaren Abhängigkeit zueinander stehen.

Die bekannteste, das **BCG-Portfolio,** wurde ebenso wie die Erfahrungskurve vor über 50 Jahren entwickelt. Sie kann als Vorbild für ein wohldurchdachtes Strukturieren, das auf Ursache-Wirkungs-Zusammenhängen aufbaut, stehen. Dieses alte Instrument gilt noch immer als das Paradebeispiel des erklärenden Strukturierens in der Matrixform.

Die BCG-Matrix verbindet die Erfahrungskurveneffekte mit dem Wachstumspotenzial und Investitionsbedarf.

Aus der Erfahrungskurve ergibt sich, dass der, der den höchsten Marktanteil hat, auch einen Effizienz- und Kostenvorteil hat, der sich in höherem Cashflow ausdrückt. Mehr Cash heißt höhere Investitionskraft in Gebiete mit Wachstumspotenzial.

Auf der **x-Achse** ist der **relative Marktanteil, der Indikator des Cashflows** aufgetragen. Unternehmen mit einem hohen relativen Marktanteil erzielen bei gleichen Preisen höhere Gewinne als Wettbewerber mit geringeren Marktanteilen (rechte Seite der x-Achse).

Auf der **y-Achse** ist **das Marktwachstum** aufgetragen. Das Marktwachstum bestimmt den Investitions-, den Cashbedarf. Je höher das Wachstum, desto höher die notwendigen Investitionen in Produktionsanlagen, Vertrieb, Marketing und Umlaufvermögen.

Die Matrix zeigt den Zusammenhang zwischen Cash- und Investitionspotenzial und ordnet Produkte oder Unternehmen in die Quadranten ein. Die Tatsache, dass es sich hier um quantitative Zusammenhänge handelt, wird meist übersehen.

Wir wollen nicht verschweigen, dass die Bestimmung des relativen Marktanteils und die daraus abgeleitete Cashflow-Position in einer immer stärker global orientierten, arbeitsteiligen Welt schwieriger werden. Was ist der Marktanteil von BMW? Was der von Porsche? Macht das Ziel von Volkswagen, größer als Toyota zu sein, überhaupt Sinn? Ohne eine saubere strategische Segmentierung bis hinunter zu den verschiedenen Wertschöpfungsstufen ist die Aussagekraft der BCG-Matrix begrenzt.

Berater recherchieren wochenlang, um die Daten der erklärenden BCG-Matrix zusammenzutragen. Die künftige Erfahrungskurve und das Wachstumspotenzial zu bestimmen ist genauso vage wie mutig. Das Marktverhalten wird untersucht, leicht anfechtbare Trends berechnet, horizontale Verkettungen beäugt, technische Entwicklungen vorausgesagt – nicht immer überzeugend, z. T. anfechtbar, aber dennoch aussagekräftig und anregend. Die Vorstände stehen mitunter auf, gehen zur Tafel, um Details zu sehen. Es wird gezweifelt oder genickt. **Es geht nicht um Normstrategien, sondern um die richtigen strategischen Fragestellungen und Diskussionsanregungen.** Diesem Anliegen wird die BCG-Matrix mehr als gerecht.

Das Aufstellen erklärender Matrizen ist auch für den geübten Strategen ein anspruchsvolles Unterfangen. Die drei Schritte – Finden der passenden Strukturelemente, Durchdenken nachweisbarer Abhängigkeiten und deren sinnvolle, einfache und optisch einprägsame Darstellung – sind ein schwieriges Unterfangen. Menschen sind nicht gewohnt, zweidimensional zu denken. Und wenn überhaupt, ist für sie die Zeile wichtiger als die Spalte, das Horizontale naheliegender als das Vertikale.

Das Strukturieren ist nicht nur der notwendigste, sondern auch der anspruchsvollste Teil des Strategieprozesses. Wer hier Zeit und Kraft investiert, wird diese in den weiteren Schritten des Strategieprozesses (Analyse, Aufstellen von Optionen, Bewertung, Entscheidung) vielfach vergütet bekommen.

Das Faszinierende an transparenten, einfachen und dennoch stimmigen Leitstrukturen ist, dass sich die entscheidenden Mosaiksteine für die Gestaltung von selbst bestimmen. Wenn man den Scheitelstein eingesetzt hat, steht das Haus für Analysen und Bewertungen.

Für die Suche nach Leitstrukturen und Schwerpunkten geben uns die Stufen I bzw. II der künstlichen Intelligenz sehr unterschiedliche Mittel in die Hand (vgl. auch Regel 6).

Die Stufe I (Jäger, Sammler, Bündler) zeigt deutliche Grenzen. Aus Beispielen kann die zweckmäßige Leitstruktur nicht abgeleitet werden (**induktiv**), da der Zusammenhang von Leitstruktur und Unternehmenserfolg nicht ausgewiesen wird.

Ein **deduktiver** Ansatz wäre denkbar, da nach unserer Auffassung die Zahl möglicher Leitstrukturen endlich ist. Er geht von der endlichen Zahl der Leitstrukturen aus, wertet diese auf ihren Erfolg aus Unternehmensvergleichen aus. Auch bei diesem Ansatz wird der Jäger und Sammler jedoch an fehlenden Vergleichsdaten scheitern.

Wir denken, dass die rationalen und intuitiven Fähigkeiten des Menschen solchem Vorgehen überlegen sind. Die denkbaren Leitstrukturen werden auf ihre Zweckmäßigkeit durchdacht und die geeignete angewandt. Weniger aus dem Vergleich heraus, sondern aus der inneren Logik des Unternehmens.

Die lernende künstliche Intelligenz der Stufe II kann andererseits mittelfristig auf das Strukturieren verzichten. Sie braucht keine Leitstruktur und braucht keine Prioritäten, da sie alles prüfen, alles durchsimulieren kann. Sie kennt das Ziel des Strategieprozesses und sie kennt den Zustand von Markt und Unternehmen. **Sie prüft alle Wege, die zum Ziel führen.**

Es ist wie in einem Labyrinth. Der schnelle Gepard braucht kein System, er prüft alle Möglichkeiten durch und findet den besten Weg. Die Schildkröte braucht ein wohlstrukturiertes Vorwärtsgehen, muss den Zuschnitt des Labyrinths abwägen, Zeichen setzen, um nicht zu verhungern. Trotz allem wird sie langsamer als der Gepard sein.

Der Gepard heißt KI, die Schildkröte ist der Stratege von heute.

Bereits heute existieren in komplexen Umgebungen KI-Programme, die dem Gepard ähneln. So unterstützt die Firma *iFlyTek* die Richter im chinesischen Rechtssystem in einem Umfeld mit Millionen von Texten und Tausenden von Gesetzen. Kai-Fu Lee schreibt dazu:[19] *iFlyTek has taken the lead in applying AI to the courtroom, building tools and executing a Shanghai based pilot program, that uses data from past cases to advice judges on both evidence and sentencing. An evidence cross-referencing system uses speech recognition natural-language processing to compare all evidences presented – testimonies, documents, and background material – and seek out contradictory fact patterns. It then alerts the judge to these disputes, allowing for further investigation and clarification. – Once a ruling is handed down, the judge can turn to yet another tool for advice on sentencing. It starts with the fact pattern – defendant's criminal record, age, damage incurred, etc – then its algorithms scan millions of court records for similar cases. It uses that body of knowledge to make recommendations for jail time or fines to be paid …. It's a process that builds consistency in a system with over 100,000 judges.*

Diese Navigationsprogramme sind Unterstützungen für die menschlichen Entscheidungsträger zur Verbesserung der eigenen Entscheidungen in komplexen Situationen. Einzelne Strukturelemente, wie z. B. der Gesetzesrahmen, sind vorgegeben, weite Teile der Strukturierung übernimmt aber die KI. Man ahnt schon, dass auch der intuitive Gedanke des Richters es schwer haben wird, sich gegen die KI-Vorschläge zu wenden. Und diese Systeme können – im Falle der Richterunterstützung – auch zu gerechteren Urteilen führen: So hat eine Studie in Israel herausgefunden, dass die Richter vor der Mittagszeit wesentlich strengere Urteile fällen als danach. Auch der nachgewiesen rassistische Bias im US-amerikanischen Rechtssystem würde mit diesem Programm eingedämmt werden können.

Wir hatten oben (Abb. 4.2 und 4.3) zwei sehr unterschiedliche Leitstrukturen gezeigt. Eisenhower-Matrix – sehr einfach, fast urtümlich anmutend. Die BCG-Matrix anspruchsvoll, das Hohelied des Portfoliomanagements singend. Überraschend und dennoch logisch ist, dass sich die KI mit der simplen Eisenhower-Matrix mehr mühen muss als mit der BCG-Matrix. Bei Eisenhower verfügt sie gegenüber dem Menschen über keinen Vorteil. Hinter der Einfachheit steckt eine hohe Komplexität. Der Mensch kann sich an diese intuitiv annähern. Der systematische Ansatz der KI würde sich dagegen mit den zunächst banalen Kriterien Dringlichkeit und Wichtigkeit schwertun. Bei der BCG-Matrix dagegen kann die KI aus umfangreichen Zahlenwerken schwelgen, kann die Zukunft simulieren, die Gegenwart präzise abbilden. Marktanteile und Wachstumspotenziale sind gefragt. Ein Spielfeld, auf dem sie dem Menschen überlegen ist. Es gibt viele Eisenhower-Situationen in der Wirtschaft. Eine Nische, in der es für die KI schwer sein wird, in Kürze den Menschen zu überrollen.

---

[19] Kai-Fun Lee, AI superpowers-China, Silicon Valley, and the New World Ordeerr, Houghton Mifflin Harcourt, Boston, 2008, S.115

Abb. 4.2 Die sieben Waffen eines Unternehmens

Abb. 4.3 Eisenhower-Matrix

	Urgent	Not urgent
Important	1 Do	2 Plan
Not Important	3 Delegate	4 Eliminate

Schritt 3: Ausfüllen der Leitstruktur mit Informationen – Analyse

Das Motto gibt Rumelt vor: *„If you can peer into the fog of change and see 10 percent more clearly than others see, then you may gain an edge."*[20]
Der Schritt der Analyse ist **prädestiniert für die künstliche Intelligenz.** Die Stufe I übernimmt das Jagen, Sammeln, Sortieren, Bündeln von Daten. Es sind „lediglich" Fakten in eine gegebene Struktur zu schütten. Wer dies besser kann, verschafft sich Wettbewerbsvorteile.
Zwei Beispiele zum Auffüllen der **Leitstrukturen** mit Fakten:

- Falls die **Wertarchitektur** zur Leitstruktur erkoren wird, benötigen wir das Potenzial der einzelnen Geschäftsfelder in der horizontalen und vertikalen Struktur der Wertschöpfungskette. Daraus ergeben sich als Informations- und Analyseschwerpunkte: Attraktivität der einzelnen Geschäftsfelder (Erträge, Wachstum), Rolle der Größe für die Kostenposition (*scale*), eigene Wettbewerbsposition (relativer Marktanteil, Abstand zu Bestwerten), Markt für den Kauf/Verkauf einzelner Geschäftsteile etc.
- Wenn die wettbewerbliche Differenzierung über unsere **Fähigkeiten** erfolgen soll, wäre die Leitstruktur der **Oktopusansatz.** Als Informations- und Analyseschwerpunkte ergeben sich etwa Kundenverhalten, nicht besetzte Marktsegmente, eigene Fähigkeiten, etwas Neues zu entwickeln (Unternehmenskultur, Kreativitätspotenzial, Prozessfertigkeiten zur Umsetzung).

Die Informationsbeschaffung zeichnet sich – zumindest heute noch – durch **fehlende Objektivität** aus. Sie krankt an Subjektivität der Informationsbeschaffer und -analytiker. Sogar in der Physik wird das Subjektive vehement diskutiert. Wie schon erwähnt, haben sich Nobelpreisträger wie Heisenberg, Pauli, Schrödinger und Freyman damit naturwissenschaftlich und zum Teil auch philosophisch-ethisch auseinandergesetzt. Seit Schrödinger und Heisenberg gilt die These, dass die Bahn eines Elektrons dadurch entsteht, dass wir sie beobachten. Das Leben von Schrödingers berühmter Katze[21] hängt vom Beobachter ab.
Was in der Physik ein gedankliches Spiel ist, erweist sich in der Wirtschaft als harte Tatsache. Die Trennung zwischen Erkenntnissubjekt und Erkenntnisobjekt macht keinen Sinn. Ergebnisse werden durch diejenigen, die sie erheben, beeinflusst. Es stimmt also nicht nur, dass wir von den Informationen beeinflusst werden. Es gilt auch umgekehrt, dass wir durch das Erheben von Informationen diese auch beeinflussen.

---

[20] Rumelt, a.a.O., S.193

[21] Gedankenspiel von Schrödinger aus dem Jahre 1935, wonach eine Katze in einem Überlagerungszustand aus „lebendig" und „tot" angesehen werden könnte und so verbleibt, bis die Experimentieranordnung untersucht wird

Schrödinger stellt fest: „*Es ist ein Unterschied zwischen einer verwackelten oder unscharf eingestellten Photographie und einer Aufnahme von Wolken und Nebelschwaden.*" In der Wirtschaft haben wir beides: Es wird bewusst etwas verwackelt und wir bewegen uns in Nebelschwaden. Der Wunsch nach Klarheit ist abwegig.

> *Es kann ein Gedankenspiel des großen Physikers Niels Bohr angewandt werden. Dieser wunderte sich, dass er beim Abwaschen auch mit schon schmutzigem Wasser immer noch zu sauberen Tellern kam: „... beim Geschirrspülen tauchen wir dreckige Teller in eine dreckige Brühe und reiben sie mit einem dreckigen Lappen ab. Und dabei werden sie sauber.“ So geht es uns mit den Informationen. Wir fischen im Trüben, vertreten aber dennoch handfeste strategische Aussagen.*

Es ist entscheidender, **wie** wir die Dinge sehen, als **was** wir sehen. Um unsere Umgebung zu verstehen, müssen wir uns selbst verstehen. Da die Menschen unterschiedlich sind, ergibt sich folgerichtig auch ein unterschiedliches Verständnis zu ihrem Umfeld. Leo Tolstoi stellte weise fest: „*Das Glück besteht nie aus den Dingen der äußeren Welt, sondern darin, in welchen Farben wir sie sehen.*"

Eine Bilanz, eine Technologie oder ein Markt können von verschiedenen Personen – auch auf der gleichen Informationsgrundlage – vollkommen unterschiedlich beurteilt werden. Professionelle Ratingagenturen beurteilen den Investmentgrad von Ländern ganz anders als Politiker, umweltorientierte Experten das Fracking-Verfahren ganz anders als Energiemanager, Mieter den Immobilienmarkt anders als Vermieter.

Darüber hinaus neigen Manager dazu, Selbstverständlichkeiten als Erfolge zu preisen. Oft sind sie übertrieben zufrieden mit ihrer eigenen Arbeit und überschätzen ihre Rolle beim Erreichen von Ergebnissen. Es ist ein wenig so, „*als würde sich ein Seehund rühmen, dass er schwimmen kann*". (Tucholsky) Dies führt dazu, dass Manager die Lage, die Informationen oft besser einschätzen, als sie in Wirklichkeit sind.

Es macht einen Unterschied, ob wir den Markt einschätzen oder uns selbst. Beides ist unerlässlich, allerdings ist die Einschätzung des Marktes sowohl bezüglich der vorhandenen Instrumentarien als auch der möglichen Objektivität einfacher. Es kann Fehleinschätzungen geben. Diese hängen allerdings meist mit dem Zeitfaktor und der unzureichenden Ganzheit zusammen.

> *Fabel des Äsop: Ein mit Salz beladener Esel musste durch einen Fluss, fiel hin und blieb einige Augenblicke behaglich in der kühlen Flut liegen. Beim Aufstehen fühlte er sich um einen großen Teil seiner Last erleichtert, weil sich das Salz im Wasser aufgelöst hatte. Langohr merkte sich diesen Vorteil und wandte ihn gleich am folgenden Tage an, als er mit Schwämmen beladen durch eben diesen Fluss ging. Diesmal fiel er absichtlich nieder, sah sich aber arg getäuscht. Die Schwämme hatten nämlich das Wasser aufgesogen und waren bedeutend schwerer als vorher. Der Esel brach unter der Last zusammen. Er hatte die äußeren Faktoren nicht richtig eingeschätzt.*

Die Beurteilung der Fähigkeiten des Unternehmens, das Bild des **Inneren** ist schwieriger. Die Aussage Senecas ist seit 2000 Jahren gültig: *„Vor allem aber ist es nötig, sich selbst zu prüfen, weil wir gewöhnlich mehr zu können glauben, als wir wirklich können."*

> *Die Geschichte vom Strauß, der meinte, unbedingt fliegen zu müssen: „Jetzt will ich fliegen!", rief der gigantische Strauß, und das ganze Volk der Vögel stand in ernster Erwartung um ihn versammelt. „Jetzt will ich fliegen", rief er nochmals, breitete die gewaltigen Schwingen weit aus und schoss, gleich einem Schiffe mit aufgespannten Segeln, auf dem Boden dahin, ohne ihn mit einem Tritt zu verlieren. Lehman Brothers, Babcock Borsig oder dem Quelle-Versandhaus ging es wie dem Strauß.*

Eine ehrliche Analyse verlangt, die Vergangenheit zu akzeptieren, um die Zukunft zu verstehen. Die Aufarbeitung von Fehlern der Vergangenheit wird in den meisten Unternehmen nicht vorgenommen. Was bei Naturwissenschaftlern üblich ist, gilt nicht für die Wirtschaft. Dabei lernen wir aus unseren Fehlern immer mehr als aus unseren Erfolgen.

Technische Gründe für Fehleinschätzungen: Ein abstraktes Problem ist, dass es für viele Fähigkeiten keinen **sprachlichen Ausdruck** gibt. Wie sollen Informationen aufbereitet werden, wenn sie nicht in unsere Sprache passen? Dies gilt etwa für das Verhalten von Organisationen oder die Qualität des Managements. Diese Fähigkeiten in Teile zu zerlegen, um sie vermeintlich sprachlich besser zu erfassen, widerspricht dem Grundverständnis der Ganzheit.

Die künstliche Intelligenz verändert die Informationsbeschaffung und -analyse grundsätzlich. Von allen potenziellen KI-Feldern hat sie sich hier schon am weitesten entfaltet. Bereits auf ihrer niedrigsten, noch nicht wirklich intelligenten Stufe I („Jäger, Sammler, Sortierer, Bündler") treibt sie die Informationsmengen sowohl quantitativ (vor allem durch soziale Medien) als auch qualitativ (vor allem durch ihre Personalisierung und den Zugang zu fast allem verfügbaren Wissen auf der Welt) unaufhaltbar voran. Der gläserne Kunde steht vor der Tür und ist zum Teil schon eingetreten.

Big Data führt zu „Predictive Analytics" auf Grundlage der von Google, Facebook, Amazon, Kreditkartenunternehmen, Energieversorgern, Telefonanbietern, Supermärkten und anderen erstellten personenbezogenen Datenprofile. *„It's the predictive technology that enables computers to learn how to predict the future behavior of individuals. In business, this ability to predict – which is based on surfacing patterns found in data – helps businesses make informed decisions and identify risks and opportunities."*[22] Es handelt

---

[22] Vgl. Business News, 2013

sich um ein völlig neues Potenzial, das von Jahr zu Jahr – falls es keine restriktive Regulierung gibt – besser genutzt werden wird. Es bietet den Übergang zur lernenden Stufe II.

Mit der KI können wir den nächsten Schritt gehen – dialektisch und faktisch. Zu viele Informationen waren bisher nicht gut, weil wir uns in ihnen verlieren. Es entstanden die „*costs of knowing too much*".[23] Die richtigen, überschaubaren Informationen waren gefragt. Die KI kann diese Kosten ausschalten, da sie in der Lage ist, die Informationen zu ordnen und widerspruchsfrei aufzuarbeiten. Wir können nicht mehr zu viel wissen, wir können nur noch die falschen Algorithmen der Aufbereitung anwenden.

Die Subjektivität der Beschaffung von Informationen und der Beurteilung von Analyseergebnissen sowie die Negierung von Fehlern der Vergangenheit werden „in absehbarer Zeit" durch die KI aufgehoben. Es braucht einen sehr selbstbewussten, kenntnisreichen und erfahrenen Manager, der sich entsprechend seiner subjektiven Auffassung gegen die Analytiker und strategischen Berater durchsetzt – denn er muss dies gegenüber einer Maschine vertreten. Er kann nicht mit Boni oder Karriereschritten winken, er kann den Computer höchstens abschalten. Falls ein schwacher Manager niemanden hofiert, droht ihm das Schicksal des schon genannten Maschinenstürmers des 19. Jahrhunderts. Er wird überholt und ersetzt.

Undurchsichtig und embryonal sind die Quellen der Information, die sich aus der Kopplung von **KI und Neurobiologie** ergeben. Durch die Neurobiologie wird das Individuum noch transparenter:

- Auf den Grundlagen seiner genetischen Struktur.
- Durch professionelles und wissenschaftlich fundiertes Beobachten der Mimik und Feinmotorik; schon heute sind FACS-Experten[24] in der Lage, die Mimik zu entschlüsseln. Da wir die Gesichtsmuskeln nur sehr begrenzt beherrschen können, sind wir ein offenes Buch für Fachleute.
- Durch technische Möglichkeiten, unser Gehirn zu durchdringen. Hierzu gehört es auch, die Gehirne von Interviewteilnehmern miteinander zu vernetzen.
- Durch vollkommen unkonventionelle, neurobiologisch begründete Methoden, unser Verhalten zu interpretieren. Dazu gehören die stärkere Einbeziehung von Bildern, die Analyse des Gruppenverhaltens und psychologische Tests.

Big Data weiß, was uns wichtig ist und wie wir handeln. Das, was Big Data aus Datenmassen abliest, wird die **Neurobiologie** ergänzen oder verifizieren, indem sie weitere Informationen direkt aus uns herausliest. Sie wird in uns schauen und mehr über uns wissen als wir selbst. Es werden sowohl die „Klickdaten" am Computer als auch sensorische und biometrische Daten genutzt werden. Diese gigantische Datenmenge bereiten dann

---

[23] Gladwell, Blink. The power of thinking without thinking. Back Bay Books, New York, 2007, S.264
[24] Facial Action Coding System

neurobiologisch-statistische Verfahren auf. Viel zitiert wird die Konstellation, dass Körpertemperatur, Blutdruck, Geschwindigkeitsverhalten im Auto, Sprechrhythmus und -klang mit Inhalten und Klickverhalten des Betreffenden am Computer verbunden werden. Dann können Neurologen über die systematische Aufbereitung sehr genau Handlungen und medizinische Zustände voraussagen. Diese Erkenntnisse können sowohl kommerziell und medizinisch als auch für „Ziele des Gemeinwesens" genutzt werden.

Als absehbares „Nonplusultra" der Datenbeschaffung kann die Entschlüsselung unserer Intuition gesehen werden. In Regel 5.2 bekannten wir uns dazu, dass dies wahrscheinlich in „absehbarer Zeit" möglich sein wird. Die Erfahrungen, die wir im Leben gesammelt haben und die die Basis unserer Intuition sind, werden parallel durch intelligent-kommunikative Systeme registriert und statistisch aufbereitet. Strategische Entscheidungen werden dann nicht nur formal analytisch unterstützt, sondern auch bezüglich der zu erwartenden intuitiven Korrektur durch den Entscheidungsträger. Wie langweilig werden Vorstandssitzungen werden, wenn die meisten Reaktionen schon vorweg bekannt sind.

Analyse: Wir haben Informationen gesammelt, von denen wir annehmen, dass wir sie benötigen, um zu unserer Strategie zu kommen. Ohne den nächsten Schritt, die Analyse, blieben diese Informationen Körner in einem unbestellten Feld. Das Feld ist zu beackern, diese Informationen sind aufzubereiten und zu analysieren. Analysieren (griechisch: Auflösen in Einzelteile) bedeutet, die Informationen geordnet zu untersuchen.

Wir fassen uns zur Analyse kurz. Erstens wird sie in den einschlägigen Strategiewerken übergewichtet. Zweitens bringt die KI auf diesem Gebiet eine neue Qualität, die wir hier auch nicht annähernd abbilden können. Es gibt bei der Durchführung von Analysen eine Reihe grundsätzlicher Gefahren:

- Die Analyse **zu stark auf Daten der Vergangenheit** aufzubauen.
- **Absolute Daten und Informationen zu überschätzen** und den Grundsatz, dass nur Relatives zum Erkenntnisgewinn führt, zu vernachlässigen.
- **Analyse und Synthese zu vermischen.** Immanuel Kant nannte vor 225 Jahren analytische Ergebnisse Erläuterungsurteile und synthetische Erweiterungsurteile. Daran hat sich seitdem nichts geändert, auch daran nicht, dass es zu viele Analysen und zu wenige Synthesen gibt.
- **Den Analysen zu viel Bedeutung beizumessen.** Die Anzahl der Analysen ist kein positives Kriterium. Zeit für Analysen reduziert stets die Zeit für das Strukturieren, für die Synthese und die Kommunikation – alle wichtiger für die Strategieentwicklung. Ein Unternehmen kann sich kaum durch Analysen differenzieren, aber durch strategisches Denken, durch Innovationen und Kreativität. Analysen können dabei hilfreich sein, wenn es denn die richtigen sind.

Die **künstliche Intelligenz** kann diese potenziellen Gefahren schrittweise beseitigen. Auch hierbei wird es zwei Phasen geben:

1. Stufe I: Wir geben die Leitstruktur vor und damit auch die Richtung der Analysen und Datenbeschaffung. Viel Arbeit wird uns abgenommen.
2. Stufe II: Wir geben nur die Ziele vor und die KI spielt alle Möglichkeiten der Analyse durch und legt Ergebnisse auf den Tisch, die für die Zielvorgabe am günstigsten erscheinen. Wir werden zu Zielvorgebern und – hoffentlich – zu Entscheidern.

Stufe I läuft schon heute, Stufe II wird in den nächsten zehn bis fünfzehn Jahren den Staffelstab übernehmen.

Schritt 4: Optionen entwickeln

Wir haben jetzt ein Ziel, eine Struktur mit Schwerpunkten und wir haben Analysen und Informationen. Jetzt müssen die möglichen Wege zur Strategie bestimmt werden, um aus ihnen den besten auswählen zu können. Falls es nur einen einzigen möglichen Weg gäbe, hätten wir uns die bisherige Arbeit sparen können.

Diese möglichen Wege nennen wir Optionen. Wir haben den „freien Willen",[25] solche aufzustellen und sie dann zu beurteilen. Das Umfeld und die eigenen Fähigkeiten des Unternehmens spannen ein Trapez auf (Abb. 4.4). Seine Begrenzungen sind das Ergebnis der Analyse und unserer Vorstellungskraft. Der Weg zum Ziel muss innerhalb dieses Trapezes bleiben. Hier bleiben für uns viele Wege, viele Optionen offen. Der Vater des Liberalismus, John Locke, fasste es vor 350 Jahren zusammen: *„Offenbar besteht die menschliche Freiheit in einer Kraft, etwas zu tun oder nicht zu tun, zu handeln oder das Handeln zu unterlassen, je nachdem, wie wir wollen."* Albert Einstein zitierte oft Schopenhauer mit seinem sibyllinischen Satz: *„Der Mensch kann wohl tun, was er will, aber er kann nicht wollen, was er will."* Die Verifizierung dieser These wird in der **Neurobiologie und künstlichen Intelligenz** des 21. Jahrhunderts großen Raum einnehmen.

Manager haben die Freiheit, Optionen aufzustellen und über sie zu befinden. Wie sie diese Freiheit leben, hängt von zwei Dingen ab:

* Wie groß ist das Trapez der Freiheit? Engen die Mauern des Äußeren und des Inneren sie ein? Wie können wir die möglichen Wege erfassen? – **Technik**
* Wie groß ist die Bereitschaft, die Freiheit auszuschöpfen? – **Verhalten**

Technik: Wie kommen wir zu Optionen, die die Entscheidungsfreiheit sachlich beschreiben? Gehen wir **systematisch oder heuristisch** vor?

Systematisch vorzugehen ist dann möglich, wenn die Begrenzungen des Trapezes sehr eng beieinanderliegen und wir nur eine begrenzte Zahl von Strukturelementen haben.

---

[25] Option (lateinisch) – freier Wille

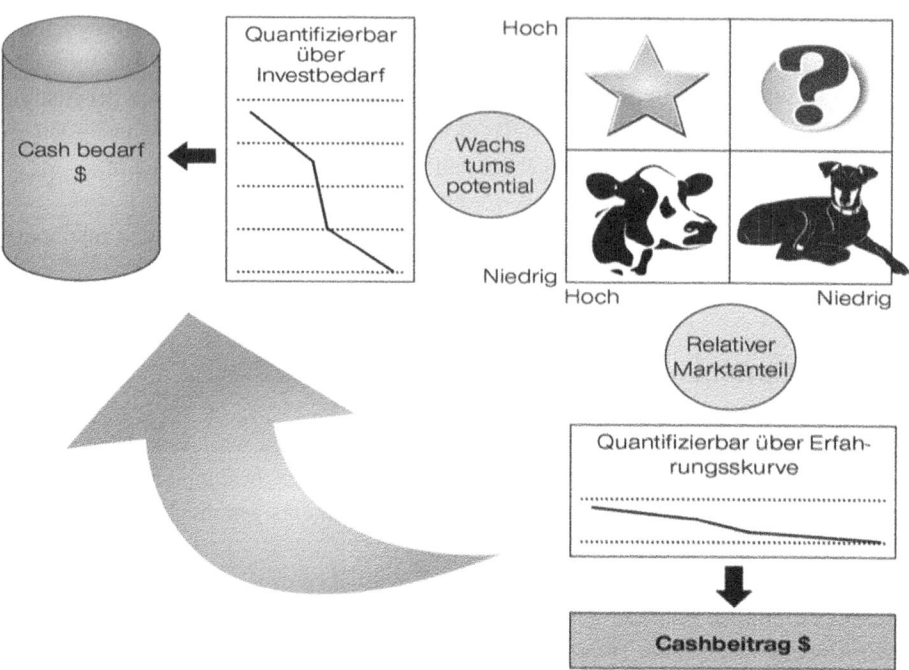

Abb. 4.4 Die BCG-Matrix – Symbiose von optischer Klarheit und inhaltlicher Aussagekraft

Abb. 4.5 Der Schlussstein,
die Agave als der „absolute
Schwerpunkt"

Diese Möglichkeit ist in der Wirtschaft in Anbetracht von Komplexität und Zeitbezogenheit eher selten.

Der Vorteil des systematischen Ansatzes liegt in seiner Übersichtlichkeit. Er vermittelt das Gefühl, vollständig zu sein. Sein Nachteil ist, dass mit diesem Ansatz unorthodoxe Optionen – Innovationen, kreative Ideen, alles, was über die Markt- und Wettbewerbssicht hinausgeht – nicht generiert werden.

Auf die wunderbare Geschichte einer Physikprüfung an der Universität von Kopenhagen können wir an dieser Stelle nicht verzichten. Die Perfektion des systematischen Ansatzes zur Findung von Optionen wird hier zum lustvollen Spiel.

Aufforderung an den Prüfling: „Beschreiben Sie bitte, wie man die Höhe eines Wolkenkratzers mit Hilfe eines Barometers feststellen kann." Der Prüfling antwortet: „Sie befestigen ein langes Stück Schnur am Rand des Barometers und lassen das Barometer dann vom Dach des Wolkenkratzers zum Boden hinunter. Die Länge der Schnur plus die Höhe des Barometers entspricht der Höhe des Gebäudes." Die Antwort entrüstet die Prüfer; sie wollen den Prüfling durchfallen lassen. Der Prüfling beschwert sich mit der Begründung, dass seine Antwort doch eindeutig korrekt sei. Der Einspruch des Prüflings wird akzeptiert, allerdings wird bemängelt, dass die vorgetragene Lösung kein spezielles Physikwissen beweise. Der Prüfling wird um eine ‚passendere' Antwort gebeten. Hierfür bekommt er eine mehrere Minuten dauernde Überlegungszeit eingeräumt. Der Prüfling nutzt die Frist bis zum Schluss; er scheint intensiv nachzudenken. Dann meint er, dass er mehrere Antwortmöglichkeiten gefunden habe, er aber unsicher sei, welche Antwort denn nun von ihm erwartet werde. Sichtlich genervt fordern die Prüfer den Prüfling auf, endlich seine Lösungen vorzutragen.

- *„Sie könnten das Barometer vom Dach des Wolkenkratzers fallen lassen und die Zeit messen, die es braucht, um den Boden zu erreichen. Die Höhe des Gebäudes können Sie dann mit der Formel H = 0,5 g x t im Quadrat berechnen. Das Barometer wäre allerdings zerstört.*
- *Falls die Sonne scheint, könnten Sie die Höhe des Barometers messen, es hochstellen und die Länge seines Schattens messen. Dann messen Sie die Länge des Schattens des Wolkenkratzers. Anschließend ist es eine einfache Sache, anhand der proportionalen Arithmetik die Höhe des Wolkenkratzers zu berechnen.*
- *Wenn Sie jedoch besonders wissenschaftlich vorgehen wollten, könnten Sie ein kurzes Stück Schnur an das Barometer binden und es schwingen lassen wie ein Pendel, zuerst auf dem Boden und dann auf dem Dach des Wolkenkratzers. Die Höhe entspricht der Abweichung der gravitationalen Wiederherstellungskraft T = 2pi im Quadrat (l/g).*
- *Sofern das Gebäude eine außen angebrachte Feuertreppe besitzt, könnten Sie seine Höhe dadurch ermitteln, dass Sie die Barometerhöhe anlegen (wie einen Zollstock) und die Anzahl der Barometerlängen ermitteln. (Barometerlänge mal Anzahl = Höhe des Bauwerkes)*

> - *Wenn Sie lediglich eine langweilige orthodoxe Lösung wünschen, dann können Sie das Barometer benutzen, um den Luftdruck auf dem Dach des Wolkenkratzers und auf dem Boden zu messen, und aus dem Unterschied in Millibar die Höhe des Gebäudes ableiten.*
> - *Da wir aber ständig aufgefordert werden, unseren Verstand zu nutzen, wäre es sinnvoller, einfach den Hausmeister zu befragen und ihm als Dankeschön das Barometer zu schenken."*
>
> *Der Prüfling war Niels Bohr, der erste Däne, dem der Nobelpreis für Physik zugesprochen wurde.*

Typisch und meist auch notwendig ist allerdings nicht ein systematischer, sondern vielmehr ein **heuristischer Ansatz.** Das bedeutet, ohne einen Algorithmus zu Optionen zu kommen, weil es keine endliche, präzise bestimmbare Menge an Optionen gibt. Vieles ist möglich. Es bleibt nichts anderes, als mit Verstand, über Gespräche, Kreativität und Intuition Optionen zu entwickeln.

Ideal ist es, beide Wege miteinander zu verbinden, also einige systematische Einlassungen an den Anfang zu stellen und diese dann in einem heuristischen Ansatz aufgehen zu lassen.

Verhalten: Das Ausschöpfen des Optionsraumes hängt wesentlich davon ab, inwieweit Manager bereit sind, den Optionsraum auszuschöpfen. Dazu gehört vor allem unorthodoxe kreative Lösungen einzubeziehen.

Ist ein Manager ein Künstler? Ein Künstler hat fast unbegrenzte Spielräume und nutzt sie auch aus. Sogar Immanuel Kant gesteht den Künstlern zu, dass sie die Grenzen der Vernunft überschreiten dürfen. Es war für Kant ein außergewöhnliches Eingeständnis, dass Künstler sich nicht von seiner geliebten Ratio einengen lassen müssen. Ein Manager sollte auch ein wenig Künstler sein, sich Optionen ausdenken, die irrational erscheinen. In der heutigen Komplexität und Unsicherheit ist ein ausschließlich lineares, rationales Herangehen kein Erfolgsrezept. Erfolgsgaranten wie Andy Warhol und Steve Jobs haben sich viele Freiheiten genommen. Das Verweilen auf dem Wege des Normalen war ihnen fremd. Der Künstler im Manager wird in Zukunft mehr gefragt sein als der lineare Rechenmeister. Allerdings wird immer ein Unterschied zum wahren Künstler bleiben: Letzterer bestimmt selbst den Zweck seiner Werke. Dem Manager ist der Zweck weitgehend vorgegeben. Und das ist auch gut so.

Um aus der Vielzahl möglicher Optionen zu einer sinnvollen Teilmenge zu gelangen, können die folgenden Regeln hilfreich sein:

- Am Anfang relativ viele Optionen schaffen. Den Raum der Freiheit voll ausmessen. Frühzeitige Einschränkung verhindert neue Ideen.
- Die Optionen sehr einfach beschreiben.

- Dann großzügig „K.-o.-Kriterien", das heißt eindeutige Ausschlusskriterien, ansetzen. Die Zahl der Optionen sollte damit schnell auf ein vernünftiges Maß – maximal sieben – reduziert werden. Im Zweifelsfall sollten nur diejenigen Optionen gewählt werden, die gefallen, die am besten verstanden und überblickt werden können.

Bezüglich des Einbringens der **künstlichen Intelligenz** in die Entwicklung von Optionen finden wir Analogien zur Entwicklung der Leitstruktur. Auf der **Stufe I** stellt der Mensch den Computer in den Schatten. Durch Jagen, Sammeln, Sortieren und Bündeln können keine sinnvollen und besonderen Optionen entwickelt werden. Hier sind die kognitiven Fähigkeiten des Menschen im Vorteil.

Die künstliche Intelligenz der **Stufe II** ist andererseits auch hier überlegen, da für sie die Optionen ein durchlaufender Posten sind. Wie bei den Leitstrukturen braucht die KI nicht mehr die interessantesten Optionen zu bestimmen, sondern sie lässt alles, was möglich ist, durchlaufen. Vom Ziel bis zur besten Strategie. Für den Strategen langweilig, frustrierend und intransparent. Das Zepter ist ihm aus der Hand genommen. Aber er muss anerkennen, dass so die zumindest formal perfektere Lösung entsteht.

Die Firma *RXThinking*,[26] die von einem chinesischen KI-Entwickler, der seine Erfahrungen bei Baidu und im Silicon Valley gemacht hat, gegründet wurde, hilft Ärzten dabei, Super-Diagnostiker zu werden – als Unterstützung, nicht als Ersatz. Das Programm basiert seine diagnostischen Vorschläge inklusive der eigenen Trefferwahrscheinlichkeit auf 400 Millionen medizinischen Datensätzen und liest ständig sämtliche neuen medizinischen Publikationen. Das ist vergleichbar mit autonomem Fahren, bei dem der Fahrer aber (noch) am Steuer sitzt und dem die letztendliche Entscheidung obliegt. Die KI übernimmt das Auffüllen von Strukturen mit Informationen, die Analysen sowie das Entwickeln und Beurteilen von Optionen.

Die Frage ergibt sich, ob die KI **in absehbarer Zeit** in der Lage sein wird, auch unorthodoxe Optionen aufzubauen. Sie bauen auf völlig neuartigen Fähigkeiten auf und stoßen in eine leere Stelle des Marktes. Sie sind die Kronjuwelen der Differenzierung. Es wird eine Frage der Zeit sein. Warum sollte nicht der Zeitpunkt kommen, wo das Durchspielen nicht durch ein zu enges Trapez begrenzt wird, sondern die Hecke des Trapezes kürzer geschnitten wird? Wie oben angenommen, ist der Weg des Computers zu kreativen Lösungen ganz anders als der des Menschen. Aber das Ergebnis kann durchaus unerwartet und inspirierend sein.

Der Go-Computer AlphaGo, der den koreanischen Großmeister geschlagen hat (Schritt 1: Ziele setzen – Startpunkt jeder Strategie), gewann mit neuen, nie dagewesenen und der versammelten Go-Weltelite nicht sofort eingängigen Zügen. Warum sollte ein ähnlicher Algorithmus nicht abnorme Optionen in der Strategie erschaffen? Der Ansatz wäre derselbe wie bei der Kreativität und der Herausarbeitung der Leitstruktur. Beim Menschen ist

[26] Kai-Fu Lee, AI Superpowers, Houghton Mifflin Harcout, Boston, 2018, S.114

es eine Idee, ein Geistesblitz, der zu einer ungewöhnlichen Option führt. Der Computer schüttelt die ungewöhnliche Option aus der Totalität heraus.

Schritt 5: Optionen beurteilen

Wir haben Optionen entwickelt. Welche Option nun ist für die Erreichung unserer Strategie am besten geeignet? Auch dies ist – wie die Analyse und Informationsbeschaffung – eine mehr handwerkliche Angelegenheit. Die Ziele sind bekannt, daraus leiten wir die Bewertungskriterien ab und müssen jetzt rechnen und abwägen.

> *Es soll uns nicht wie Buridans[27] berühmtem Esel gehen. Der Esel saß einst zwischen zwei Heuhaufen und konnte sich nicht entscheiden, welcher der bessere sei. Deshalb verhungerte er.*

Bei der Bewertung von Optionen ergibt sich eine Reihe von Fragen:

1. Was heißt bewerten?
2. Wie weit sind Bewertungen objektiv?
3. Was sind sinnvolle Bewertungskriterien?
4. Welche Rolle spielt die Zeit?
5. Wie bringen wir unterschiedliche Bewertungskriterien unter einen Hut?

Diese übermäßig strapazierten technischen Fragen stehen hier nicht im Mittelpunkt, zu diesen gibt es ausufernde Literatur. Die Bewertung von Optionen ist das Steckenpferd aller Lehranstalten. Die subjektive, menschliche Seite kommt auch hier viel zu kurz.

Was heißt bewerten? (1) Bewerten heißt beurteilen. Kalkulationen und Messungen sind lediglich Hilfsmittel dazu. Ein Richter fällt nur selten sein Urteil auf der Grundlage von Messungen. Auch in der Wirtschaft sollte der „Richter" – der Manager – beurteilen und das Messen nur als eines der möglichen Instrumente ansehen, die sein Urteil unterstützen. „*If you can't measure it, you can't manage it*", geistert durch viele Lehrbücher und ist das Motto einer Unzahl von PowerPoint-Präsentationen. Es wird nur noch übertroffen von „*What gets measured, that gets done*",[28] einem apodiktischen Glauben an das Messen. Das Messen wird zum Selbstzweck, oder wie der Philosoph Reinhard Sprenger feststellt: „*Der Griff nach den Zahlen ist die Flucht vor der Komplexität.*"[29] Einstein stimmte dieser Ansicht ebenfalls zu: „*Nicht alles was zählt, kann gezählt werden, und*

---

[27] Jean Buridan (1300-1358), französischer Philosoph, Physiker und Logiker

[28] Dieser Ausspruch wird Percy Barnevik zugeschrieben, dem ehemaligen Vorstandsvorsitzenden von ABB

[29] Rose, 50 Klassiker Unternehmen, Gebrüder Gerstenberg Verlag, Hildesheim, 2008, S. 179

nicht alles was gezählt werden kann, zählt." Noch pointierter: „*Wenn man alles auf Mes-sungen und Zahlen zurückführen würde, wäre das, [...] als ob man eine Beethoven-Symphonie als Luftdruckkurve darstellte.*" Auch Manager sollten Strategien nicht als ei-nen „Blasebalg, gefüllt mit Zahlen" auffassen.

> *Noch kurz vor der Pleite von Lehman Brothers wurden die abenteuerlichsten Zah-len über den Wert der Bank publiziert; keine ganzheitliche Betrachtung, keine quali-tative Bündelung der Risiken wurde vorgenommen. CEO Dick Fuld wurde auch für 2007 als „the champion at creating shareholder value" geehrt. Euromoney gab Leh-man Brothers Rang 4 im Investmentgrade der US-Banken noch für das 1. Quartal 2008. Nur wenige Monate später war die Bank am Ende. Es wurde ohne Sinn ge-rechnet und nicht die Lage beurteilt. Die danach vertretene Auffassung, dass der Bankrott ausschließlich eine Folge der Finanzkrise war, ist zumindest naiv, wenn nicht zynisch.*

Wie weit sind Bewertungen objektiv? (2) Wir haben die These aufgestellt, dass es bei der Strategiefindung keine Objektivität gibt. Das gilt gerade auch für die Beurteilung von Optionen. So klar und trivial dies ist, die selbstverständlichen Konsequenzen werden daraus nicht immer gezogen. Eine präzise Trennung in Bewertungssubjekt und -objekt wird auch hier meist postuliert, obwohl sie nicht möglich ist. Was für die Informationsbeschaffung gilt, stimmt auch für die Beurteilung der aufbereiteten analytischen Ergebnisse. Der Bewertende verfügt über seine eigenen Interessen und Erkenntnisgrenzen über Erfahrung und Lebensauf-fassung. Das Bewertungsobjekt wird davon beeinflusst, wer es bewertet. Objektivität in An-spruch zu nehmen ist in doppelter Hinsicht falsch: zum einen, da es jeder logischen Recht-fertigung entbehrt, zum anderen, da dadurch Kreativität und Zweifel im Keim erstickt werden.

> *Der bedeutende englische Staatsmann und Philosoph Francis Bacon soll hier mit seinen vier „**Idolen des Falschdenkens**" erwähnt werden. Bacon spricht zunächst über die Trugbilder oder „Idole des Stammes", die mehr oder weniger menschlich genetisch sind. Hier hebt er insbesondere hervor, dass wir das sehen und auch mes-sen, was wir sehen wollen, was unserer vorgefassten Meinung entspricht. ‚Denn das, was ein Mensch lieber als Wahrheit hätte, das hält er auch viel bereitwilliger für die Wahrheit.' In Anlehnung an das berühmte Höhlengleichnis von Platon spricht Sir Francis über die „Idole der Höhle". Er will damit sagen, dass wir unsere eige-nen Erkenntnisse höher werten als die Erkenntnisse anderer. Wie die Menschen bei Platon in der Höhle, die sehr aufgebracht über den Boten von außen waren, akzep-tieren wir nur schwer, wenn unsere Erfahrungen infrage gestellt werden.*

Sehr modern klingen Bacons „Idole des Marktes". Bacon meint, dass unsere Sprache uns in die Irre führt, weil sie begrenzt ist. Das gilt insbesondere durch abstrakte Begriffe, die keine empirische Grundlage haben. Dadurch reflektieren wir die Umwelt, den ‚Markt', nur unzureichend durch unsere Sprache. Und schließlich gibt es die „Idole des Theaters". ‚Alle überlieferten Systeme sind nichts als Bühnenstücke erfundener Welten.' Wir erben Auffassungen, ohne sie uns nochmals selbst zu erarbeiten. Wir bewerten etwas, weil es andere vor uns schon ähnlich bewertet haben. Alle vier „Idole" beschreiben treffend die Problematik der Bewertung von Optionen.

Heute werden diese ‚Idole' in Internetforen jeglicher Art überhöht und pervertiert. Francis Bacon hat sie vor 400 Jahren aufgestellt!

Was sind sinnvolle Bewertungskriterien? (3) Es gibt unendlich viele denkbare Bewertungskriterien: vom Marktpotenzial bis zum DCF (Discounted Cash Flow), vom Einfluss auf die Unternehmenskultur bis zu den Lagerbeständen, vom Wachstumspotenzial bis zum CO_2-Gehalt, vom Marktanteil bis zur Differenzierung. Zu viel Zeit wird mit der Perfektionierung solcher Kriterien und mit technischen Spielereien verbracht. Dabei gibt es keine ‚fehlerfreien' Informationen, die die Perfektionierung von Kriterien und Analysen rechtfertigen würden, da es sich um Zukunftsinformationen handelt. Angemessenheit und Ausgewogenheit sind angesagt.

Einer von uns hat als Boardmitglied eines Unternehmens in prekärer Situation einen Leiter der Strategieabteilung erlebt, der in einer Vorstandspräsentation den Net Present Value für die nächsten 25 Jahre berechnete und dann eine technische Diskussion über den Residualwert initiieren wollte. Er wurde von seiner Aufgabe entbunden.

Sinnvoll ist es, mehr qualitative Kriterien hinzuzuziehen. Solche sind z. B. das Risiko, die Flexibilität, die Reaktionsfähigkeit, die Differenzierung, die Innovationsrate, die Nachhaltigkeit oder die Erhöhung des Markenwertes.

Welche Rolle spielt die Zeit? (4) Jede Bewertung impliziert, mit der Zeit sinnvoll umzugehen. Wenn wir die drei Ziele relatives Wachstum, Profitabilität und Differenzierung als Ausdehnung im wirtschaftlichen Raum verstehen, wird die Zeit zur vierten Dimension. Ökonomische Ausdehnung und Zeit bedingen sich gegenseitig, genau wie in der Physik Raum und Zeit. Ökonomische Aussagen ohne Einbeziehung der Zeit machen keinen Sinn.

Die Einbeziehung der Zeit in der Wirtschaft kann nicht mit wissenschaftlicher Akkuratesse geschehen, wie in den Naturwissenschaften. Es geht nicht um labormäßige Messungen, sondern um vage Voraussagen. Wir müssen etwas bewerten und beurteilen, das möglicherweise in der Zukunft geschehen wird. Wir müssen versuchen, die Zukunft ahnend zu verstehen, aber es macht keinen Sinn, sie korrekt abbilden zu wollen.

Von den Unsicherheiten der Zukunft wird auf verschiedenen Wegen etwas der Schleier genommen. Vier Ansätze, zukünftige Entwicklungen einzuschätzen, sind geläufig:

- Das Arbeiten mit **Szenarien**, mit angenommenen zukünftigen Zuständen. Dazu gehören der bestmögliche Ausgang (*best case*) einer strategischen Entscheidung und der ungünstigste (*worst case*).
- Die Beurteilung der **Sensitivität**, des Einflusses einzelner Faktoren im Zeitablauf.

> *Ein reales Beispiel eines Private-Equity-Unternehmens, das verschiedene Einflussfaktoren auf den IRR (Internal Rate of Return) berechnet hat: Die Unternehmer wussten nach den Berechnungen, auf welche Faktoren sie bei der Entscheidungsfindung besonders achten müssen.*

Sensitivity Scenarios	IRR Impact (%)
Lower Capex (US$ 2 m vs US$ 8 m/ yr)	+ 2.6
Scale in SGA (% of Sales: 9.0 % vs 10.0 %)	+ 0.9
WC/Sales improve to 25 % (vs 32 %)	+ 3.5
No Dividends (Time value impact)	– 0.3
1 Year Earlier Exit	+ 7.6

- Schätzungen zum möglichen Verhalten des Gegenspielers oder Wettbewerbers **(Spieltheorie)**. Diese Denkrichtung zur Einschränkung der Unsicherheiten der Zukunft lehnt an die mathematisch-logischen Ideen der **Spieltheorie** an, die in der Theorie der Wirtschaftswissenschaften eine übergroße Rolle spielt. Das Wesen ist, das Verhalten der Wettbewerber zu simulieren und daraus Schlussfolgerungen für das eigene Verhalten zu ziehen.

> *Ein virtueller Mobiltelefonanbieter will in einen Markt mit offenem Netzzugang eintreten. Er hat keine wesentlichen Investitionen vor Ort und geht davon aus, dass er die Infrastruktur eines der etablierten Telekommunikationsunternehmen nutzen kann. Jedes dieser etablierten Unternehmen steht vor einem Dilemma. Wenn man dem Neuen Zutritt gewährt, entsteht ein neuer Wettbewerber. Falls nicht, besteht die Gefahr, dass ein anderer der Etablierten seine Infrastruktur öffnet und dadurch beträchtliche Erträge für deren Nutzung erzielt. Eine schwierige Entscheidung, bei der die Spieltheorie helfen kann.*

Wir haben in über 20 Jahren Beratungstätigkeit lediglich einen Fall erlebt (siehe Rahmen), in dem bei der Strategieentwicklung die Spieltheorie angewandt wurde. Jedoch wurde das bekannteste Beispiel zur Spieltheorie – das „Prisoner's Dilemma" – wiederholt als Denkansatz zum Verstehen einer Situation genutzt.

- Die direkte **Bewertung des Einflusses der Zeit** auf die Zielerreichung. Die **Zeit** kommt ins Spiel, indem wir die Zukunft „berechnen" – sie abwerten, sie diskontieren. Unzählige Fallstudien in unzähligen Business Schools ordnen dieser Frage übergroßen Raum zu, obwohl es für das Reflektieren der Zukunft keine ideale Lösung geben kann.

Wie bringen wir **unterschiedliche Bewertungskriterien unter einen Hut**? (5) Wir haben eine Vielzahl potenzieller Bewertungskriterien genannt. Wenn wir uns für mehr als ein Kriterium entscheiden, entsteht die Frage, wie mit mehreren Bewertungskriterien umzugehen ist. Das Äpfel-und-Birnen-Problem steht vor uns. Wir können es nicht perfekt lösen. Nur ein Kriterium zur Bewertung anzuwenden, „partiell ignorant" zu sein, sollte immer in Erwägung gezogen werden. Es ist eine Illusion, dass die Überzeugungskraft und Qualität einer Bewertung mit der Menge der Bewertungskriterien steigen. Wirtschaftsgiganten wie Warren Buffett sprechen sich für partielle Ignoranz aus. In der Managementpraxis kommt dieser Ansatz zu selten zum Tragen.

Die meisten Investmentgurus arbeiten mit vielen Kriterien, der Normalverbraucher mit sehr wenigen oder mit einem einzigen. Vielfach ist dies die Attraktivität des Namens des Unternehmens. So kommt er intuitiv zur eindimensionalen Bewertung und fährt oft gut damit.

Im Falle **mehrerer Kriterien** taucht automatisch das Problem der Nichtaddierbarkeit auf. Dieses Problem kann eingeschränkt werden:

- Durch das Herunterbrechen der Bewertungskriterien auf detaillierte Größen, zwischen denen – scheinbar – Beziehungen hergestellt werden können. Daraus ergeben sich mit **mathematischen Verfahren** wie der linearen oder dynamischen Programmierung formale Bewertungen. Solche Ansätze sind mehr Spielwiesen der Wirtschaftsmathematik als des strategischen Denkens. Wir haben solche Verfahren in der strategischen Praxis selten erlebt.
- Im Gegensatz dazu steht der Ansatz der **transparenten Vereinfachung** – im Wesentlichen die verschiedenen Formen von Nutzwertanalysemodellen (**Scoring Models**). Sie basieren auf der (sinnvollerweise kardinalen) **Skalierung von Ergebnissen**. Die Bewertungskriterien werden bewertet und gewichtet. Trotz aller Simplizität sind diese Modelle sehr geeignet zur Ordnung der eigenen Gedanken.

Letztlich gilt auch bei der Bewertung das Primat der Einfachheit. Es macht keinen Sinn, hier mit der Apothekerwaage zu arbeiten, wenn wir bei der Informationsbeschaffung mit Tonnen umgehen und wenn wir bezüglich der Zukunft im Nebel tappen.

Bei großer Unsicherheit in der Bewertung sollten wir mutig von unseren **Erfahrungen** ausgehen.

- In wettbewerbsintensiven Bereichen können wir vor allem durch Innovationen punkten. Hier können Unsicherheiten in Kauf genommen werden.
- In Bereichen mit riesigen Produktionsanlagen sollten wir schauen, was die anderen machen, ehe wir uns zu extremen Investitionen hinreißen lassen.
- Organisches Wachstum hat den Vorzug gegenüber akquisitorischem Wachstum.
- Nachhaltiges Wachstum bewegt sich rund um das Kerngeschäft.
- Differenzierung von den Wettbewerbern hat den Vorzug gegenüber dem Anpeilen der „best practice", *Benchbreaking* ist besser als *Benchmarking*.
- Und – last, but not least – sollten wir der Option, in die wir „verliebt" sind, positiv gegenüberstehen.

Die **künstliche Intelligenz** wird die Bewertung formal perfektionieren. **Unsere fünf Fragestellungen** (Was heißt bewerten? Wie weit sind Bewertungen objektiv? Was sind sinnvolle Bewertungskriterien? Welche Rolle spielt die Zeit? Wie bringen wir unterschiedliche Bewertungskriterien unter einen Hut?) lassen sich weitgehend durch die KI in den Griff bekommen. Bewertung heißt für sie, sklavisch die definierten Ziele als Nonplusultra zu sehen und in Formeln zu gießen. Aus den Zielen ergeben sich von selbst auch die Bewertungskriterien, die sie aus einem Sack voller denkbarer Kriterien herausfischt. Die Objektivität des Computers ist gesetzt, falls der Programmierer nicht den Algorithmus manipuliert oder die Informationen gefälscht werden. Die Unsicherheiten der Zukunft kann die KI nicht abschalten, aber durch das Lernen aus ähnlichen Konstellationen einschränken. Auch bei der Einbeziehung unterschiedlicher Bewertungskriterien kann die KI nicht perfekt sein (siehe Nutzwertanalysemodelle), aber formal-technisch ist sie dem Menschen weit überlegen.

Was offenbleibt, ist, wie mancher Unternehmenslenker seinen Anspruch des Absolutismus lebt: Was ist, wenn ihm das formale Ergebnis nicht passt? Dem CEO werden zunehmend die Argumente fehlen, um die KI auszuhebeln, er wird fürchten, rechthaberisch oder inkompetent zu erscheinen. Er hat nicht den Mut des Unwissenden, sondern die Angst des Wissenden, des Unfehlbaren. Die künstliche Intelligenz wird den Schritt der formalen Bewertung weitgehend übernehmen. Die KI ist dem Menschen überlegen.

Schritt 6: Entscheiden – von der besten Option zur Strategie

Der Strategieprozess nähert sich dem einstweiligen Ende. Wir haben Ziele gesetzt, strukturiert, analysiert, Optionen geschaffen und diese bewertet. Jetzt müssen wir uns für eine Strategie entscheiden. Entscheiden heißt immer, für das eine und gegen das andere zu sein. Die anderen Optionen fallen damit unter den Tisch.

Wenn wir uns nach der normativen Entscheidungstheorie richten, kommen wir zum Axiom der Rationalität des Entscheidenden. Unsere formal beste Option wird zur Strategie. Allerdings ist die normative Entscheidungstheorie eine mathematische Fiktion. Kahneman stellt klar und deutlich fest, dass „*decision analysis and rational thinking*" uns nicht helfen.[30] An anderer Stelle konstatiert er, dass die Entscheidungsanalytiker nicht die Welt bestimmen werden. Der Mensch verweigert sich der Rationalität, auch wenn sie ihm rational erscheint.

Freilich ist es von großem Vorteil, zu wissen, was das formal Beste ist. Die Entscheidung wird in vielen Fällen nicht diese formal beste Option sein, aber wir fühlen uns sicherer, wenn wir sie kennen. Sie ist unser Entwurf, aber nicht unser Kunstwerk.

Beethoven musste die Dur-Moll-Tonalität kennen, um von ihr abweichen zu können. Immanuel Kant stellte fest, dass der Kaiser nicht über den Grammatikern steht. Der Unternehmenslenker muss das Handwerkszeug, das Formale kennen, um zu seiner eigenen Entscheidung zu kommen.

Die formal beste Lösung dient dazu, von ihr abweichen zu können. Von etwas abzuweichen, ohne es zu kennen, ist verantwortungslos. Harmonie ist gefragt zwischen dem formal Rationalen und dem informell Irrationalen. Letzteres gewinnt meist die Oberhand – ob wir es wollen oder nicht. Vom Formalen wissen wir nicht, ob es richtig ist, wir wissen noch nicht einmal, ob es falsch ist.

Sigmund Freud meint: *„Rationales Verhalten bringt uns … dazu das Irrationale zu entdecken."* Darum geht es. Es ist kein Zufall, dass die meisten durchschlagenden Erfolge in der Wirtschaft vom systematischen, scheinbar rationalen Ansatz abweichen.

Abb. 4.6 zeigt Einflussfaktoren, die die formal beste Option ins Wanken bringen. Es gibt noch andere Faktoren wie den Zufall, das Wetter, den Ort der Entscheidung, den Gesundheitszustand von Entscheidungsträgern und andere mehr (Abb. 4.7).

Zu den irrationalen Dingen wie **Intuition, Gefühl, Kreativität** haben wir uns ausführlich positioniert. Der Wirtschaftsmathematiker John Forbes Nash formulierte: „*Zurzeit scheine ich wieder rational zu denken – wie es für Wissenschaftler typisch ist – doch das ist nicht ausschließlich erfreulich, denn rationales Denken legt einem Menschen Grenzen auf.*"[31] Die Mehrzahl der Managemententscheidungen wird nicht nach formalen Kriterien getroffen.

---

[30] Kahneman, Thinking Fast and Slow, Alan Lane, 2011
[31] Lüchinger, Die zwölf wichtigsten Ökonomen der Welt, OrellFüssli Verlag, Zürich, 2019, S. 185

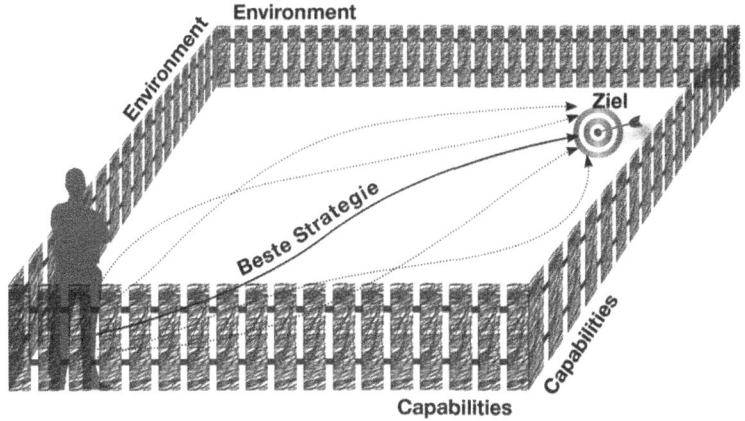

Abb. 4.6 Der Optionsraum („Trapez der Freiheit")

Abb. 4.7 Faktoren, die das
formale Ergebnis des
Strategieprozesses
überschreiben können

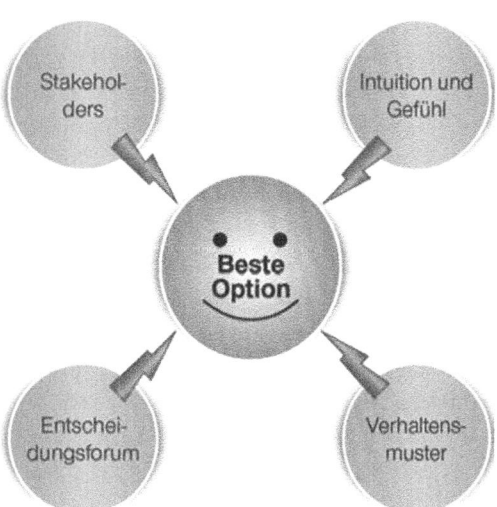

Ein Beispiel aus unserer Arbeit: Wir erhielten die Verantwortung für ein größeres Projekt für eine internationale Firma mit etwa 20 Mrd. $ Umsatz. Es ging darum, eine neue Corporate Identity zu entwickeln. Die Marktanalyse, der Vergleich von Investitionen und Payback-Periode, der Meinungsaustausch mit den Stakeholdern, insbesondere mit den Kunden, führten zu dem Ergebnis, dass dies auch Sinn macht. Wir beschäftigten uns bereits mit dem Implementierungsplan, um dem Vorstand ein Gesamtkonzept vorlegen zu können. Wenige Tage vor dem Projektabschluss rief der CEO an und bat, das Projekt abzubrechen. Er habe ein schlechtes Gefühl bezüglich dieses Richtungswechsels, dass er am Wochenende ganz unruhig gewesen sei. Das

> *Projekt wäre ihm unheimlich. Das Unternehmen bezahlte die beträchtliche Rech-*
> *nung und dankte für die gute Arbeit. Der CEO hatte zwei Optionen gehabt: ein un-*
> *gutes Gefühl vor sich her zu wälzen oder in Abstimmung mit den Schlüsselmanagern*
> *das Projekt zu stoppen. Er tat Letzteres. Es war für ihn das Richtige – ob es auch das*
> *Bessere für das Unternehmen war, wird man nie feststellen können.*

Dass die Meinung der **Stakeholder** eine Strategie infrage stellen kann, ist naheliegend. Aufsichtsräte, Gewerkschaften, Wettbewerbshüter und Regulatoren, Aktionäre, Kunden u. v. a. können eine strategische Entscheidung ablehnen. Bei entsprechenden Kräfteverhältnissen ist eine Korrektur unvermeidlich.

Es liegt auch auf der Hand, dass **Verhaltensmuster der Manager** die Entscheidung wesentlich beeinflussen. Der Manager kann sich nicht von seinen eigenen Interessen und Erfahrungen lossagen. Drei Verhaltensmuster haben für die letztendliche Entscheidung eine besondere Bedeutung:

- Manager fürchten sich, zu zeigen, dass sie nicht die **Fähigkeiten** haben, um sich zu einer anspruchsvollen Strategie zu bekennen. Sie fliehen in eine Pseudorationalität und unterstützen eine weniger anspruchsvolle Strategie. Für manche ist der alte Ptolemäus Vorbild, der Messwerte erfand, um seine Auffassung zu belegen.
- Topmanagern geht es oft um **Machterhalt**, weniger um den Inhalt der Entscheidung. *„Sie sagen nicht ich, aber sie tun ich."* (Friedrich NIetzsche)
- Potenzielle **persönliche Risiken** (Verluste, Bonuseinbußen, Karriereknicks, ungeliebte Versetzung) werden anders gewichtet als potenziell positive Resultate. So werden Strategien, die die persönliche Zukunft des Managers gefährden könnten, auch dann abgelehnt, wenn es die besseren sind. Um noch einmal Kahneman zu Wort kommen zu lassen: *„emotion is dominated primarily by the possibility what might happen and not so much by the probability".*[32] Auch ist zu berücksichtigen, dass Manager erfassbares Risiko eher akzeptieren als undurchsichtiges Risiko, auch wenn dieses geringer ist. Es gilt das Ellsberg-Paradoxon.[33]
- Hinzu kommt, was Hanna Arendt[34] treffend charakterisiert: Manager ziehen gern in *„ein Manöver zur Flucht aus der Verantwortung mit dem Ziel, viele an fragwürdigen Entscheidungen zu beteiligen".* So hat das **Entscheidungsforum** Einfluss auf die Entscheidung selbst. Der Vorstand von Aktiengesellschaften ist bei großen Entscheidungen (Akquisitionen, größeren Investments etc.) waghalsiger als die Eigentümer von Fami-

---

[32] Kahneman, The thought leader interview, Strategy and Business no 33/2003

[33] Nach diesem Paradoxon gilt, dass Menschen, wenn sie sich zwischen zwei Optionen entscheiden müssen und nur bei einer Option die Wahrscheinlichkeitsverteilung bekannt ist, sich mehrheitlich für diese entscheiden.

[34] Drosdek, Die wichtigsten Philosophen für Manager, Ampus, Frankfurt am Main, 2005, S.181

lienunternehmen. Eine Gruppe ist optimistischer bezüglich des Ausgangs von strategischen Entscheidungen als Einzelpersonen.

Es gibt keine strategischen Entscheidungen, die wissenschaftlich begründet, interessenneutral und unerschütterlich sind. Das ist kein Nachteil. Es wird nur dann zum Nachteil, wenn dies nicht verstanden und akzeptiert wird.

Bezüglich der Veränderungskraft der **künstlichen Intelligenz** bei der strategischen Entscheidung verwenden wir wieder den Terminus „in absehbarer Zeit". Wir flüchten damit vor einer klaren Positionierung. Wir wissen nicht, ob in fünf oder zwanzig Jahren der Einfluss der KI auf strategische Entscheidungen überlegen sein wird – wir haben lediglich Ahnungen. In jedem Falle wird die KI bei strategischen Entscheidungen gegenüber den Managern zunehmend an Einfluss gewinnen. Die genannten Einflussfaktoren – Stakeholder, Entscheidungsforum, Verhaltensmuster, Intuition – könnten relativ verlieren. Die Intuition läuft Gefahr, im formalen Ergebnis präjudiziert zu werden. Bei den anderen drei Einflussfaktoren gilt das von uns genannte „Maschinenstürmersyndrom". Einen perfekten, von der KI tiefschürfend ausgearbeiteten Entscheidungsvorschlag abzulehnen, erfordert Mut und Argumente. Mut hat seine Grenzen, wenn man etwas zu verlieren hat.

So wird die Notwendigkeit, die Unternehmensführung in die Hände starker Führungspersönlichkeiten zu legen, zukünftig noch zunehmen. Ein empathisches Verstehen der Organisation sollte sie auszeichnen. Je stärker die Führungspersönlichkeit ist, umso eher wird sie den Mut und die entsprechende Begründungslogik finden, sich gegen die KI-Lösung auszusprechen oder diese zumindest zu qualifizieren und modifizieren. Einer schwachen Führungskraft wird es kaum möglich sein, sich als ‚Besserwisser' gegenüber einem hochgeschätzten Computer zu gerieren.

Einem widerborstigen Strategen könnte es so gehen wie dem Jäger Hans in unserer bejahrten Fabel. Eines Nachts hatte er einen schweren Traum; es deuchte ihm, als ob er mit einem furchtbaren Eber kämpfe, der ihn nach langem Streit zuletzt besiegte. Diesen Traum konnte er gar nicht aus den Gedanken wieder loswerden. Einige Zeit darnach stieß er wirklich auf einen Eber, dem im Traum gesehenen ähnlich. Er griff ihn an; der Kampf blieb lange unentschieden, endlich gewann Hans und streckte den Feind nieder. Froh, als er ihn so zu seinen Füßen erblickte, stieß er mit dem Fuß nach den schrecklichen Hauern des Ebers und rief aus: „Du sollst es mir noch nicht tun!" Aber er hatte mit solcher Gewalt gestoßen, dass der scharfe Zahn den Stiefel durchdrang und den Fuß verwundete. Erst achtete Hans der Wunde nicht und setzte die Jagd fort. Bei seiner Rückkunft aber war der Fuß so geschwollen, dass der Stiefel vom Bein getrennt werden musste. Er eilte in seine Burg zurück; die Erschütterung des Wagens wirkte so schädlich, dass er mit genauer Not das Hospital erreichte und bald daselbst starb.

Der Stratege dachte, er hätte der KI seine Überlegenheit gezeigt, aber mit ihrer Totalität hatte er nicht gerechnet.

Schritt 7: Überzeugen – ohne Kommunikation macht die Strategie keinen Sinn

Strategien laufen ins Leere, wenn die Betroffenen nicht von der Richtigkeit der Strategie überzeugt werden können. Deshalb ist die Kommunikation nicht nur Bestandteil des strategischen Denkens und Handelns, sondern ihr notwendiger Abschluss.

> *Allerdings ist auch die Kommunikation kein Allheilmittel: Frosch-Fabel. Eines Tages entschieden die Frösche, einen Wettlauf zu veranstalten. Um es besonders schwierig zu machen, legten sie als Ziel fest, auf den höchsten Punkt eines großen Turms zu gelangen. Am Tag des Wettlaufs versammelten sich viele Frösche, um zuzusehen. Der Wettlauf begann.*
>
> *Keiner der zuschauenden Frösche glaubte, dass auch nur ein einziger der teilnehmenden Frösche tatsächlich das Ziel erreichen könne. Statt die Läufer anzufeuern, riefen sie also „Oje, die Armen! Sie werden es nie schaffen!", oder „Das ist einfach unmöglich!", oder „Das schafft ihr nie!" Und wirklich schien es, als sollte das Publikum recht behalten, denn nach und nach gaben immer mehr Frösche auf. Das Publikum schrie weiter: „Oje, die Armen! Sie werden es nie schaffen!"*
>
> *Bald hatten alle Frösche aufgegeben – alle, bis auf einen einzigen, der unverdrossen an dem steilen Turm hinaufkletterte und als einziger das Ziel erreichte. Die zuschauenden Frösche konnten es nicht glauben, und alle wollten von ihm wissen, wie das möglich war. Da merkten sie erst, dass der Frosch, der den Sieg davongetragen hatte, taub war.*

Kommunikation ist ein weites Feld. Fragen der Psychologie, Rhetorik, Semiotik, Informationswissenschaft, Soziologie, Ethik und der darstellenden Kunst gehören dazu. Wir wollen uns darauf konzentrieren, unsere Erfahrungen aus etwa 5000 PowerPoint-Präsentationen – oft vor Vorständen und Aufsichtsräten wichtiger Unternehmen – zusammenzufassen. Dabei geht es uns nicht nur um die Präsentationen an sich, sondern um die Überzeugungskraft der Strategen. Es stellen sich vier Fragen:

1. Wovon wollen wir überzeugen?
2. Wen wollen wir überzeugen?
3. Welche technischen Möglichkeiten der Überzeugung sind zu nutzen?
4. Welche Rolle spielt das Menschliche, spielen Stil und Persönlichkeit?

Wovon wollen wir überzeugen? Das „Wovon?" ist die Strategie, ist der strategische Entscheidungsvorschlag.

Wen wollen wir überzeugen? Das „Wen?" lässt sich mit dem Begriff der Stakeholder umschreiben. *„Der Meister sagt: Was die Menge hasst, musst du prüfen! Was die Menge liebt, muss du prüfen!"* Daran hat sich bis heute nichts geändert. Eine Strategie sollte nicht nur Anhänger und nicht nur Gegner haben.

Welche technischen Möglichkeiten der Überzeugung sind zu nutzen?

Vor über 2500 Jahren ging Sokrates auf dem Marktplatz von Athen als erster großer Redner des Abendlandes in die Geschichte ein. Es folgten Jahrhunderte der freien Rede, manchmal unterstützt durch ein Manuskript. Große Redner wie Danton oder Churchill werden noch heute für ihre Ausdruckskraft gepriesen. Warren G. Harding wurde 1921 Präsident der USA vor allem *„based on his vibrant speaking voice and ... because he looked like a President".* (http://www.whitehouse.gov/) Nur am Rande sei vermerkt, dass er bei den Wahlen den größten prozentualen Vorsprung aller Zeiten hatte. Er war ein schwacher Präsident, aber ein blendender Kommunikator.

Heute sind PowerPoint-Präsentationen der Standard. Jeder setzt sie voraus, obwohl Steve Jobs sagte, dass er es hasse, wenn die Leute mit Folienpräsentationen arbeiten, anstatt zu denken. *„Wer Folien braucht, weiß im Grunde nicht, wovon er redet."*[35] Wenn Jobs gezwungen war, selbst mit Folien zu arbeiten, dann nahm er das allerdings sehr ernst und überarbeitete jede einzelne Folie sechs- oder siebenmal.

95 % der heute in der Wirtschaft Vortragenden „sprechen" PowerPoint. Es gibt Schätzungen, dass jährlich 100 Mrd. PowerPoint-Folien kreiert werden (das heißt, etwa 500 Mio. an jedem Arbeitstag). Warum aber wenden sich 95 % den PowerPoint-Präsentationen zu? Der **Vorteil** besteht darin, dass sie die Aussagen optisch unterstützen können und dem Vortragenden Sicherheit verleihen. **Der Nachteil** ist, dass die Vorträge immer undifferenzierter werden und meist die persönliche Note des Vortragenden verloren geht.

Die technische Seite einer guten Überzeugungsarbeit hat drei Hebel der Differenzierung: **die Sprache, die Story Line und die Präsentationstechnik.**

- **Die Sprache:** Verständlichkeit und Vielfalt in der Ausdrucksweise beeinflussen den Gesamteindruck. Die Sprache ist unser wichtigster Transmissionsriemen nach außen. Sie kann durch Wortwahl, Wortschatz, Syntax und Semantik überzeugen. Zu viele Vorträge neigen zum Obskurantismus – zur bewusst erzeugten Unverständlichkeit – und werden von den Zuhörern als „Show" oder als „soziale Isolation" des Vortragenden eingeordnet. Es erfordert Mut, aber macht viel Sinn, aus der trockenen Sprache der Wirtschaft auszubrechen und Begriffe aus den Wissenschaften und der Kunst, Metaphern und Anekdoten einzubeziehen. Den späten Wittgenstein sollten wir uns zu Herzen nehmen. *„Es gibt Sprachspiele, die keinerlei bestimmbaren Inhalt haben und den-*

---

[35] Isaacson, a.a.O., S. 458

noch sinnvoll sind, nämlich als soziale Akte."[36] Auch die Sprache hat ihre Grenzen. Wir halten uns an Goethe: „*Durch Worte sprechen wir weder die Gegenstände noch uns selbst völlig aus.*"

- **Die Story Line** ist ein schwacher, wenn nicht gar der schwächste Punkt der meisten Präsentationen. Viele Vorträge erweisen sich als ein ungeordnetes Zusammenspiel von Fragmenten – meist von Zahlen und Fakten. Der Zuhörer verliert schnell den roten Faden. Seine Aufmerksamkeit sinkt dramatisch. Philosophie und Logik können hier gute Wegweiser sein. Sie fordern als Abfolge vom Konkreten zum Allgemeinen aufzusteigen und dann wieder zum Konkreten herab. Für einen Vortragenden bedeutet dies, mit einem Problem, einem Ziel oder etwas anderem Konkreten zu starten. Dieses strukturiert und analysierte er in einen umfassenden Zusammenhang. Er verallgemeinert und nimmt das Problem aus seiner Isolation heraus. Es ergeben sich Schlussfolgerungen. Diese führen wieder zum Konkreten, zu Vorschlägen und Lösungen. Formal einfach – aber es erfordert tiefes Nachdenken. Dazu opfern viele keine Zeit, da sie sich in Analysen verlieren.
- Bezüglich der **Präsentationstechnik** gibt es vier Regeln:
  Regel 1: Bilder sagen mehr als Worte.
  Regel 2: Die Überschriften der Folien sollten nicht deskriptiv sein, sondern eine Aussage treffen, nicht „Der Umsatz beträgt 100 Mio. $", sondern „Umsatzführer in einer Industrie, in der Größe zählt". Eine Zeile pro Überschrift ist anzustreben.
  Regel 3: Die Überschriften, auf einem Zettel hintereinander aufgeschrieben, ergeben eine zusammenhängende Geschichte – die **Story Line.**
  Regel 4: Kleinigkeiten wie ein ansprechendes Template, angenehme Farben, die angemessene Wahl der Buchstaben und deren Einheitlichkeit sind nicht zu unterschätzen.

Welche Rolle spielt das Menschliche in der Kommunikation, spielen Stil und Persönlichkeit? Die Beantwortung dieser Frage wird vom Gremium beeinflusst. Eine Präsentation vor der Jahreshauptversammlung eines börsennotierten Unternehmens setzt andere Erwartungen als eine Präsentation im Vorstand, vor Gewerkschaftsführern oder der Belegschaft. Dessen unbenommen gibt es einige Faktoren, die so wichtig sind, dass sie nicht der Frage des Gremiums untergeordnet werden sollten.

Stil ist nicht vor allem der äußere Eindruck. Bei Rodin heißt es: „*Ein Stil, der gesucht und geschraubt wird, um aufzufallen, ist schlecht.*" Auf keinen Fall darf der Eindruck entstehen, dass es mehr um Stil als um Inhalte geht.

Es gab Kommunikationskünstler, denen die Natur bezüglich ihres Aussehens oder auch ihres Wortklanges nicht unbedingt günstig gesonnen war, die aber dennoch überzeugten. Danton, Churchill, Sokrates und viele andere überzeugten nicht durch den optischen Eindruck. Sokrates war durch seine berühmte aufgeworfene Nase alles andere als anmutig, wurde aber als „Eros des Denkens" zum beeindruckenden Redner. Churchill bekam den Nobelpreis für Literatur „für seine Meisterschaft in der historischen und biografischen

---

[36] Jacoby, 50 Klassiker Philosophen, Gerstenberg, Heidelberg, 2006, S.256

Darstellung sowie für die glänzende Redekunst, mit welcher er als Verteidiger von höchsten menschlichen Werten hervortrat". Auch er war kein Adonis und hatte keinen „geglätteten" Stil.

Der Stil hat viele Komponenten: Eleganz ohne Auffälligkeit, Körpersprache, die synchron zum Inhalt ist, mit Kompetenz gepaarte Unaufdringlichkeit, Humor. Lachen ist ansteckend. Gleiches gilt allerdings auch für das Gähnen.

Echte Überzeugungskraft geht über den Stil hinaus. Die **Authentizität** der Person schwebt über den technischen und stilistischen Fragen. Der Gipfel der Kommunikation sind klare, treffende Aussagen gepaart mit authentischer Begeisterung. Der CEO eines der größten Unternehmen der Welt hat es auf den Punkt gebracht: *„Say what you think, and do what you say – always."* Darum geht es. Wer diese Grundvoraussetzung erfüllt, ist als Person überzeugend, weil glaubwürdig. Stil und technische Perfektion kommen erst an zweiter Stelle.

Wer die Kommunikation unterschätzt, wird die Ernte seiner strategischen Bemühungen nicht einfahren.

> *Tom Sawyer war ein ganz normaler Junge. Er wohnte bei seiner Tante Polly in einer kleinen Stadt am Mississippi. Folgendes ereignete sich:*
>
> *Die berühmteste Episode zur überzeugenden Kommunikation ist wohl die von Tom Sawyer. Mark Twain hat mit ihr Millionen von Kindern zum Nachdenken gebracht.*
>
> *Am Samstag ist herrliches Sommerwetter. In den Gärten blühen die Blumen. Ein richtiger Tag, um glücklich zu sein. Tom kommt aus dem Haus. Aber er sieht überhaupt nicht glücklich aus. In der einen Hand hat er einen Pinsel, mit der andern trägt er einen großen Eimer weiße Farbe. Er schaut sich den Zaun an. Der ist drei Meter hoch und dreißig Meter lang. Tom taucht den Pinsel in die Farbe und beginnt zu streichen. Eine Weile streicht er. Dann legt er den Pinsel auf die Seite und setzt sich. Er hat noch viele Stunden Arbeit vor sich. Er fühlt sich sehr unglücklich. Doch dann hat Tom eine Idee. Eine wunderbare Idee. Er nimmt den Pinsel wieder in die Hand und beginnt zu arbeiten. Er sieht seinen Freund Joe Harper auf der Straße. Aber er schaut nicht hin. Joe hat einen Apfel in der Hand. Er stellt sich neben Tom hin und schaut den Zaun an. ‚Ach, Tom, das tut mir leid, dass du arbeiten musst.'*
>
> *Tom sagt nichts. Vorsichtig taucht er seinen Pinsel in die Farbe und streicht dann sorgfältig den Zaun. „Musst du für deine Tante arbeiten?", fragt Joe. „Ich gehe zum Fluss hinunter. Schade, dass du nicht mitkommen kannst!"*
>
> *„Arbeiten?", fragt Tom ungläubig. „Nennst du das wirklich arbeiten?"*

„Einen Zaun streichen", sagt Joe. „Natürlich ist das Arbeit. Was denn sonst?"
„Na ja," meint Tom, „vielleicht ist es ja Arbeit. Vielleicht auch nicht. Hauptsache,
ich mach es gern. An den Fluss gehen kann ich jeden Tag. Aber einen Zaun streichen
kann ich nicht oft."

Etwa fünf Minuten lang schaut Joe seinem Freund zu. Tom bewegt seinen Pinsel
langsam und sorgfältig auf und ab. Ab und zu tritt er einen Schritt zurück und be-
trachtet sein Werk mit einem zufriedenen Lächeln. Joe beginnt sich zu interessieren.
„Tom, lass mich auch mal ein bisschen …", bittet er seinen Freund. Ein paar Sekun-
den lang denkt Tom nach.

Dann schüttelt er den Kopf und meint: „Es tut mir leid, Joe. Meine Tante möchte,
dass ich es mache, weil ich ein guter Maler bin. Mein Bruder Sid wollte auch mit-
helfen, aber sie wollte es nicht."

„Tom", bettelt Joe, „lass mich auch, nur ganz kurz. Ich kann gut malen. Ich gebe
dir dafür ein Stück meines Apfels." Tom schüttelt den Kopf: „Nein, Joe, das geht
leider nicht." „… Du darfst den ganzen Apfel haben, Tom!"

Mit ernstem Gesicht gibt Tom seinem Freund den Pinsel. Joe beginnt zu streichen.
Toms Herz hüpft vor Freude, aber er lässt sich nichts anmerken. Er setzt sich und isst
den Apfel. Weitere Jungen erscheinen und grinsen. Doch bald wollen sie auch ma-
len. Gegen Mittag besitzt Tom drei Bälle, ein altes Taschenmesser, eine junge Katze
und ein blaues Glas, wodurch man die Welt schön blau sehen kann. Am Nachmittag
ist Tom der reichste Junge des Ortes. Die dreißig Meter Zaun sind fertig gestrichen.
Tom geht ins Haus zurück. Er ruft: „Tante Polly, kann ich jetzt zum Spielen gehen?"

Tante Polly sieht sich den Zaun an und staunt. Die dreißig Meter Zaun leuchten
weiß. Der ganze Zaun ist sorgfältig gestrichen. Tante Polly ist zufrieden.

Tom Sawyer hatte soziale Intelligenz, die der künstlichen Intelligenz (noch für lange Zeit) fremd ist. Ausnahmen sind Science-Fiction-Filme.
Bezüglich der Kommunikation besteht die Gefahr, dass

- die KI, die schon heute durch Mails und soziale Medien getriebene sprachliche Armut weiter vorantreibt,
- die KI-Präsentationen standardisiert, sowohl von der Logik als auch von der Optik her, tadellos, aber langweilig, nicht inspirierend sind,
- dass die Anwesenheit der relevanten Personen unwichtig wird, da die Kommunikation mit technischen Mitteln abgewickelt wird und es möglicherweise auch nicht mehr viel zu kommunizieren gibt; der Vorschlag steht technisch perfekt – was gibt es noch zu reden,

Cogito ist ein System zum zeitgleichen Verbessern des Sprechens – ideal für Kundenmitarbeiter oder im Call-Center. Das System versucht die Elemente des Interagierens zu erfassen und bestimmt, wenn etwas vom „idealen Gespräch" abweicht. Auf dieser Grundlage greift Cogito in den Gesprächsverlauf ein, korrigiert und lenkt den Mitarbeiter, beeinflusst sein Verhalten. In diesem Sinne beginnt Cogito uns zu lenken, uns zu sagen, was wir tun sollen. Andere Arten von KI gehen in die gleiche Richtung. Ein starker Unternehmensführer wird solche Software ablehnen. Er wird mit seiner persönlichen Note und seiner Authentizität überzeugen wollen.

Die Gefahr ist, dass anregende, genussvolle, wohltuende Kommunikation in der Wirtschaft schrittweise austrocknet. Zeitdruck, Bequemlichkeit, eigenes Unvermögen können diesen Prozess unterstützen. Die KI hält das Tor dazu weit auf.

Andererseits wäre es bei aller technischen Unterstützung genau die Kommunikation, die bei den Führungspersonen bleiben sollte. Nur durch diese gelingt es dem Management, die Organisation, die Mitarbeiter für die Strategie zu begeistern.

Wir haben bereits darauf hingewiesen, dass diese Entwicklung der starken, authentischen, empathischen Führungspersönlichkeit in die Hände spielt, ja, sie in Zukunft immer notwendiger machen wird.

Wir müssen uns die Frage stellen, ob unsere Erkenntnisse auch in den heutigen neuen Formen der Wirtschaft, der **New Economy**, verglichen mit der eher physischen Wirtschaft des Herstellens und Verteilens von Waren und Dienstleistungen der **Old Economy**, die bei unseren grundsätzlichen Gedanken zur Strategieentwicklung Pate stand, Gültigkeit haben. Heute wird die weltweite Wirtschaft zunehmend von den neuen Formen der Wirtschaft, der Internet Economy, der Null-Grenzkosten-Ökonomie (Rifkin 2014), der Plattformökonomie bestimmt. Am 20.02.2020 lag die Marktkapitalisierung von Alphabet, Amazon, Apple, Facebook und Microsoft bei ca. € 4550 Mrd. und damit bei dem Bruttosozialprodukt von Japan oder ca. 30 % über dem von Deutschland. Gibt es entscheidende oder gar fundamentale Unterschiede zwischen der Entwicklung einer Strategie und dem Einfluss der KI für ein Automobil-, ein Chemie-, ein Maschinenbauunternehmen, eine Bank oder Versicherung einerseits und für ein Internetunternehmen wie Google, Facebook oder Uber andererseits?

Wir kommen zu dem Schluss, dass (1) sich das Wesen der Strategieentwicklung nicht verändert, aber sich die relative Wichtigkeit der einzelnen Elemente verschiebt, und (2) der Einfluss der KI eine teilweise andere Qualität hat.

Die Betrachtungen zur **Wissenschaftlichkeit** der Strategieentwicklung gelten auch in der Zukunft vollumfänglich. Allerdings ist induktives Arbeiten als Hilfsmethode in der Old Economy hilfreich, bringt uns in der Internet Economy aber wenig, weil es viel zu wenig Beispiele von Altem, Bekanntem gibt, aus denen wir Verallgemeinerungsfähiges ableiten könnten. Senecas schon erwähnten Rat, nicht *„wie das Herdenvieh der Schar der Vorangehenden zu folgen"*, befolgt ein App-Entwickler wie von selbst, da er keine andere Wahl, keine oder nur sehr wenige Vorangehende hat.

Die Blätter des vierblättrigen Kleeblattes aus **Ratio, Intuition, Kreativität und Empathie**, die in der physischen Waren- und Dienstleistungswirtschaft eher ein gleichberech-

K. Wetzker, P. Strüven, *Künstliche Intelligenz gegen Chefetage*, https://doi.org/10.1007/978-3-662-62718-1_5

tigtes Nebeneinander pflegen, **haben in der Internet Economy andere Gewichte** bei der
Entwicklung erfolgreicher Strategien.

- Die **Empathie** ist gerade in der New Economy die Voraussetzung für erfolgversprechende neue Strategien. Ob Google, Facebook, Amazon und die Tausende von Apps
  und Programmen mit den entsprechenden Geschäftsmodellen wie Uber, Booking.com,
  AutoScout24, eBay etc. – sie bauen auf einem einfühlsamen Verständnis von Nutzer-
  bedürfnissen auf, auch und gerade dann, wenn die Nutzer ihre Bedürfnisse noch gar
  nicht artikulieren können. Empathie wird gebraucht, um von dem Neuen zu überzeugen.
  Daraus folgt auch, dass das Setzen von Zielen, bei dem die KI machtlos ist, umso wichtiger wird.
- **Kreativität**, der Gedankenblitz, das Ausbrechen aus bekannten Gedankenbahnen, ist
  der Schlüssel, diese Bedürfnisse in neue Geschäftsmodelle umzusetzen. Ohne diese
  Kreativität, die nicht normal, nicht eingeschränkt ist, die nicht auf langjähriger Erfahrung aufbaut, die durch Faszination und Neugier geleitet wird, gäbe es die meisten
  neuen Geschäftsideen nicht und wäre das folgende Nachdenken nicht zielgerichtet.
  Diese in der New Economy notwendige transformatorische Kreativität kann durch die
  KI nicht geleistet werden; sie kann hier nicht durch beliebig viele Simulations- und
  Berechnungsläufe vergangener Daten zu Neuem kommen. Allerdings mag die KI auch
  hier über die Zeit Raum gewinnen, je mehr Daten über das Konsumentenverhalten vorhanden sein werden. Das würde dazu führen, dass die Schwierigkeit, sich zu differen-
  zieren, weiter zunimmt.
- Die **Ratio**, das Nachdenken, richtet sich in der New Economy weniger auf die analytische Aufbereitung von Standardabläufen – weil es diese in vielen Fällen nur in sehr
  begrenztem Umfang gibt, sondern eher auf die Ausgestaltung, die Perfektionierung der
  Strategie. Das Geschäftsmodell muss im Ganzen verstanden, aber in größtmöglicher
  Einfachheit für den Nutzer umgesetzt werden. Anwender nutzen keine komplizierten
  Apps. Die Analyse von Daten hat zu Beginn einer Strategieentwicklung, der Entwicklung einer neuen Geschäftsidee noch keine dominante Stellung, bekommt diese aber
  über die Zeit, je länger das neue Geschäftsmodell, z. B. die App, am Markt ist. Da die
  zentralen Protagonisten der neuen Wirtschaftswelt ihr Geschäftsmodell auf dem Sammeln und Analysieren von Zettabytes von Daten aufbauen und daraus permanent neue
  Ideen und Angebote an ihre Kunden ableiten, wird die Strategieentwicklung zum natürlichen, ständigen, integralen Bestandteil des Geschäftes – im Gegensatz zu den eher
  sporadischen, in (un)regelmäßigen Abständen durchgeführten ‚Strategieübungen' in
  der Old Economy. Der Fokus wird dabei weniger auf relativen Kostenpositionen als
  vielmehr auf neuen technologischen Möglichkeiten und deren Auswirkungen auf die
  eigenen Angebote sowie auf der Detailanalyse des Kundennutzens und der Kundenbe-
  dürfnisse liegen. Dabei wird der Zugriff auf jene Unmenge von (Benutzer-)Daten zum
  entscheidenden Wettbewerbsvorteil. Dieser Prozess wird weitgehend KI-basiert ablau-
  fen, so dass die Ratio und über die Zeit mit ihr die Kreativität, die ständige Erneuerung
  der Angebote in diesem Teil der Wirtschaft, noch schneller von der KI übernommen

oder zumindest entscheidend unterstützt werden wird. Das gilt entsprechend für die Schritte der Analyse, des Strukturierens, des Schaffens und Bewertens von Optionen – nicht für das Entscheiden und Überzeugen.

- **Intuition** tritt zwangsläufig in den Hintergrund, da sie auf Erfahrung aufbaut, auf dem Abspeichern, dem Lernen daraus und dem Wiederverwenden des Erlebten der Vergangenheit. Aufsichtsräte von DAX- und S&P-500-Firmen sind normalerweise mit ehemaligen oder aktiven Vorständen besetzt, die die Strategien, die ihnen vom Management vorgelegt werden, mit ihrer Erfahrung häufig intuitiv beurteilen können. Sie sind meist zwischen 55 und 70 Jahre alt. Die Protagonisten der Internetcommunity sind 25 bis 40. Erfahrung hilft ihnen nicht – sie behindert sie auch nicht. Erfahrung und in ihrem Gefolge intuitive Entscheidungen finden wir allerdings in den großen und über Jahrzehnte erfolgreichen Venture-Capital-Firmen wie Sequoia und Kleiner, Perkin im Silicon Valley. Sie haben Tausende von Geschäftsmodellen gesehen – gescheiterte und erfolgreiche – und sie vertrauen häufig auf junge Firmengründer, die schon die eine oder andere Idee umgesetzt haben, egal ob erfolgreich oder nicht. Hier kommt die Erfahrung und damit die Intuition ins Spiel.

Die Strategieentwicklung in der Internet Economy verschiebt also die Bedeutung in unserem vierblättrigen Kleeblatt zum Nicht-Rationalen, zu Kreativität und Empathie. Gleichzeitig wird der Einsatz der KI bei der Führung der neuen Geschäftsmodelle signifikant und schneller ausgebaut und geht im Idealzustand eine fruchtbare Symbiose mit dem verstehenden, weil empathischen und kreativen New Manager ein. Schon in der Old Economy haben wir gesehen, dass **die relative Wichtigkeit der rechten im Vergleich zur linken Gehirnhälfte zunimmt. Dieser Trend wird durch die neuen Formen des Wirtschaftens noch unterstützt.** Der beschleunigte Einsatz der KI im Strategieprozess wird vor allem im Bereich der Ratio, der Datensammlung und -analyse, sowie hinsichtlich der daraus abgeleiteten neuen, kreativen Angebote überlebenswichtig.

Wenn die Verfügbarkeit und Nutzung von Daten für viele neue Geschäftsmodelle zum entscheidenden Wettbewerbsvorteil werden, liegt damit auch die Vermutung nahe, dass Rifkin mit seiner Beschreibung der Null-Grenzkosten-Gesellschaft recht hat, die die Vorhersage ,*The winner takes it all*' wahr werden lässt. Wenn Google seine Serverfarmen stehen und die Suchalgorithmen programmiert hat, verursacht der zusätzliche User keine Kosten mehr (abgesehen von sprungfixen Kosten bei Kapazitätserweiterungen). Für den Nutzer gibt es keinen Grund, zu einer anderen Suchmaschine zu wechseln, weil keine ihm ein größeres Netzwerk anbieten kann als Google. Dasselbe gilt für Facebook. Die beste Wettbewerbsform für Nutzer und Anbieter in der Plattformökonomie ist das ,natürliche Monopol'.

Daraus ergeben sich für die Kontrolle wirtschaftlicher Macht für den Staat völlig neue Herausforderungen und Rechtfertigungen. Wenn in der Vergangenheit monopolartige Wettbewerbskonstellationen nur für eine Seite Vorteile brachten, den Anbieter, litt der Kunde normalerweise unter zu hohen Preisen, schlechtem Service und dem verspäteten Einführen von Innovationen. In der Internet Economy haben Monopole für beide Seiten

Vorteile, insbesondere, weil nicht der Kunde für die Dienstleistung zahlt, sondern die werbetreibenden Firmen. Der (Daten-)Monopolist hat mit Abstand die besten Ressourcen zur Innovation, also zur ständigen Verbesserung des Kundennutzens. Problematisch ist, dass der größte Nachteil dieser neuen ‚natürlichen' Monopole im potenziellen Datenmissbrauch liegt, der von vielen Nutzern aber als solcher nicht empfunden wird oder gar nicht gesehen werden will. Die momentane Hilflosigkeit der Kontrollbehörden zeigt sich darin, dass sie vornehmlich mit Verboten (Uber) und Zerschlagungsandrohung (Alphabet hinsichtlich neuer Geschäftsmodelle) antworten, die von den Nutzern aber nicht goutiert werden. Vieles spricht für einvernehmliche, gemeinsam getragene Lösungen von Unternehmen und Aufsichtsbehörden – nicht zuletzt deshalb, weil die technische Umsetzung jedweder Lösung äußerst anspruchsvoll ist. Um in diesem Umfeld für das eigene Unternehmen die besten Bedingungen zu verhandeln, bedarf es einer hohen Empathie, eines tiefen Verständnisses für die Interessen aller Stakeholder, für die Gesellschaft als Ganzes und einer großen Überzeugungskraft – das Feld, dass der KI nicht zugänglich sein wird. Auch die Gründer-CEOs der großen Protagonisten der New Economy haben sich bisher auf diesem Feld nicht besonders hervorgetan.

Die New Economy ist der Old Economy bei der Einbindung der KI heute einen großen Schritt voraus. Schnelligkeit und Tiefe des KI-Einsatzes werden sich im zeitlichen Ablauf und qualitativ nach Industrien unterschiedlich entwickeln:

- Bei internetbasierten, konsumentennahen Firmen wie Facebook und Google sehen wir heute schon eine enge Einbindung der KI in den eher kontinuierlichen Strategieprozess, der entscheidungsvorbereitende, analytische und bewertende Aufgaben abwickelt. Verbesserte Angebote werden in diesen Firmen kontinuierlich unter Einsatz der KI entwickelt, ‚hergestellt', beworben und vertrieben – ein kontinuierlicher KI-basierter Strategieprozess.
- Bei softwarebasierten Firmen wie Microsoft und SAP laufen heute bereits viele Bereiche KI- und Internet-unterstützt ab: SW-Entwicklung, ‚Herstellung', Vertrieb v. a. bei Cloud-Services und SaaS (Software as a Service). Diese Unterstützung generiert ständig Daten, die für eine kontinuierliche Verbesserung des Angebotes genutzt werden. Die durchgängige strategische ‚Betreuung' erreichen sie aber nicht.
- Ein Großteil der Banken und Versicherungen wie Bank of America, ING und die Allianz sind von ihrem Potenzial her dicht bei den Software-Unternehmen. Das Geld ist zunehmend digital und Produkte und Dienstleistungen gleichen Software-Algorithmen. Auch der Vertrieb läuft bei einigen Banken heute schon über das Internet – siehe v. a. ING. Wir sehen diese Unternehmen schneller und umfänglicher die KI in ihren Strategieprozess integrieren als die nächsten Kategorien.
- In wissensbasierten und -geprägten Unternehmen wie beispielsweise den Pharmafirmen Pfizer, Bayer und Roche nimmt die KI eine immer stärkere Rolle in der zentralen differenzierenden Wertschöpfungsstufe, der F&E, ein. Neue – auch individualisierte – Medikamente werden KI-unterstützt ‚entwickelt' und vorgetestet inklusive möglicher Nebenwirkungen. Die klinische Entwicklung der Phase 3 wird noch lange im physi-

schen Bereich bleiben, anstatt sich im Datenraum abzuspielen. Hier gibt die KI zunehmend kontinuierlichen Input in den Strategieprozess, wird diesen aber nicht weitgehend dominieren.

- Automobil- oder Maschinenbauunternehmen wie VW, Toyota oder Trumpf werden natürlich auch KI-unterstützte und -geführte Prozesse in der Entwicklung, z. T. der Fertigung oder dem Vertrieb einsetzen und daraus Dateninputs für den Strategieprozess generieren – werden aber noch für lange Zeit entfernt sein von der KI-unterstützten strategischen Kontinuität der Gruppe-1-Unternehmen.
- Dies gilt umso mehr für Rohstoff- und Bergbauunternehmen.

Wir gehen also davon aus, dass die KI den Strategieprozess umso tiefer und schneller durchdringen wird, je wichtiger Daten und Wissen in den einzelnen Wertschöpfungsstufen sind und je stärker die wettbewerbliche Differenzierung darauf beruht. In diesen Bereichen der Old Economy nähert sich der Strategieprozess strukturell und zeitlich dem der New Economy schneller an. Vereinfacht könnte man von einer Daten- und Nichtdatenökonomie sprechen.

Literatur

Rifkin J (2014) Die Null-Grenzkosten-Gesellschaft. Campus, Frankfurt am Main

Frisst die künstliche Intelligenz den Unternehmenslenker?

Wir haben sieben Regeln und sieben Schritte der Strategiefindung beschrieben. Wir haben uns zunächst zum Heute geäußert, dann jeden Abschnitt um Gedanken zum Morgen ergänzt und schließlich die Vorreiterrolle der KI in der New Economy beleuchtet.

Das Heute stellt dar, wie aus unserer Sicht in der Gegenwart eine „ideale" Strategiefindung laufen sollte.

Das Morgen beschreibt den zu erwartenden Raumgewinn der künstlichen Intelligenz im Strategieprozess.

Die Gedanken zur **New Economy** beziehen sich auf die Veränderungen durch und den Einfluss von KI auf internetbasierte Geschäftsmodelle und die Plattformökonomie.

Die künstliche Intelligenz verändert die **Strategiefindung**, die Entscheidungsprozesse, langsam, aber sicher. Die Diskussion der Regeln hat uns zu der Erkenntnis geführt, dass die KI in der Lage sein wird, die meisten Regeln einzuhalten, teilweise auch besser als der menschliche Stratege.

Operative Gebiete wie die Prozessoptimierung und die Personalisierung des Kundenhandling sind schon weit enteilt.

Wir sehen im Wesentlichen **vier Gründe:**

1. Der **Fokus** der KI (datenseitig, technologisch) liegt gegenwärtig eindeutig auf Prozessen, die die Effizienz erhöhen und den Markt erschließen. Das ist verständlich, da hier die schnellsten Ergebnisse erzielt werden können. Der Einfluss der KI in der New Economy geht bereits darüber hinaus.
2. Es gibt kein ausgeprägtes **Interesse**, Entscheidungen an die künstliche Intelligenz zu delegieren. Man bevorzugt, das Steuer in der Hand zu halten. Es ist wie mit den Vegetariern: in Argentinien und Australien eine verschwindende Minderheit, in Indien ein Drittel der Bevölkerung. Wenn jemand lange Zeit gutes Fleisch genossen hat, gibt er es nicht

© Der/die Autor(en), exklusiv lizenziert durch Springer-Verlag GmbH, DE, ein Teil von Springer Nature 2021
K. Wetzker, P. Strüven, *Künstliche Intelligenz gegen Chefetage*,
https://doi.org/10.1007/978-3-662-62718-1_6

gern wieder auf. Wenn der Stratege die Macht der Strategiefindung genießt, will er diese nicht schrittweise an einen Roboter abgeben, will er nicht entscheidungstechnisch Vegetarier werden. Die Manager und Gründer der New Economy haben wesentlich weniger Berührungsängste und nutzen die KI deshalb auch heute schon umfassender.

3. Die **Diversität der Daten** und Informationen und der möglichen Analysen ist in der Strategiefindung aufgrund des sehr weiten Markt- und Wettbewerbsumfeldes um ein Vielfaches größer als beispielsweise bei der Kundenanalyse von Amazon oder der Vorhersage von Wartungsintervallen bei Flugzeugturbinen. In der New Economy ist die ständige strategische Weiterentwicklung der Geschäftsmodelle ohne KI kaum denkbar.

4. Das **Wissen** der Manager um die Möglichkeiten der digitalen Welt ist **lückenhaft** und unzureichend – weniger in der New Economy.

Doch die künstliche Intelligenz ist auch bei der Entscheidungsfindung nicht aufzuhalten. Sicher werden sich in der Medizin oder bei der Ackerbestellung schneller Entscheidungen durch die KI ausbreiten als in Wirtschaft und Politik. Aber kein Gebiet kann sich mittelfristig verschließen.

Es gibt drei Szenarien (Kapitel 1):

- Die KI nimmt uns das Zepter aus der Hand.
- Wenige Menschen sitzen an den Schalthebeln der KI und regeln die Welt.
- Die KI wird zum wirklichen Helfer, nicht nur für jeden Einzelnen, sondern für soziale Gebilde generell und so auch für Unternehmen.

Wir bekennen uns in positivem Hoffen zum dritten Szenario. Damit nehmen wir in Kauf, dass die KI Aufgabenbereiche des Strategen zunehmend ersetzt. **In absehbarer Zeit wird sie an ihm nagen, irgendwann ihn zum Torso werden lassen und ihn langfristig bis auf wenige edle Teile auffressen.**

Für unsere Strategieregeln und -schritte zeigen die Abbildungen, in welcher Ausprägung dies mit der Zeit geschehen wird.

Auf drei Feldern sollte und wird die künstliche Intelligenz – zumindest für Jahrzehnte – vor verschlossenen Türen stehen:

- **Beim Setzen von Zielen**
- **Beim empathischen Verstehen von Menschen und Organisationen**
- **Beim Überzeugen**

Das Setzen von **Zielen** gibt der künstlichen Intelligenz ihren Sinn. Ohne Ziele wäre sie ein Kunstwerk ohne praktischen Nutzen. Sie wäre eine Symphonie, eine Skulptur, ein Bild. Die Perfektionierung eines Science-Fiction-Filmes. Mit dem Setzen von Zielen wird sie zum Lastesel. Sie bekommt nur Futter – Daten, Elektrizität und Algorithmen –, wenn sie dafür etwas tut, wenn sie die eingegebenen Ziele angeht. Sie braucht Ziele, um etwas bewegen zu können. Diese Ziele wird die künstliche Intelligenz immer besser abarbeiten.

Immer mehr Aufgaben werden dem Strategen aus der Hand genommen. Die einfachen wie Daten sammeln, analysieren, Optionen schaffen, Optionen bewerten noch in diesem Jahrzehnt. Die anspruchsvolleren wie strukturieren, Schwerpunkte setzen, entscheiden wohl einige Zeit später, aber durchaus absehbar.

Beim Setzen der Ziele bleibt die KI außen vor. Dies gilt in noch größerem Maße auf den Feldern der New Economy, da die KI einen noch größeren Raum bei der Informationssammlung und -analyse einnimmt, wodurch die Klarheit der Zielvorgaben noch entscheidender wird.

Mit dem Setzen eigener Ziele würde sie sich verselbstständigen. Und wir halten die *Technical Singularity* nicht für möglich, es sei denn, der Zufall liefert sie (siehe 1. Kapitel).

Und es gibt ein zweites Feld, wo wir die KI nicht sehen – und auch nicht wünschen: **das empathische Verstehen von Menschen und Organisationen**. Der Mensch bleibt ein Mensch und wird nicht zum Algorithmus und „neuronalen Schaltkreis". Auffassungen, der KI Neugier und Moral[1] zuzuordnen, teilen wir nicht. Schon beim Setzen von Zielen braucht es das Verstehen der Organisation und des gesamten Markt- und sozialen Umfeldes. Und natürlich wird der Mensch dem Ausgang des Strategieprozesses seine eigene Wertung geben. Er wird beurteilen müssen, ob die Strategie von der Organisation umgesetzt werden kann oder ob sie sie überfordern wird.

Das gilt umso mehr für die **Kommunikation, die Überzeugung** der Manager, Mitarbeiter und der Stakeholder von der gewählten Strategie. Wenn es nur um eine brillante technische Präsentation ginge, könnte in einiger Zeit auch die KI dabei eine große Rolle spielen. Aber bei der Überzeugung geht es um die empathische und damit vertrauensaufbauende Verbindung zwischen Entscheidungsträger und Stakeholdern im weitesten Sinne.

Dies sollte nicht verwechselt werden mit dem ‚gläsernen Konsumenten', der eine so große Rolle in vielen Geschäftsmodellen der New Economy spielt (Amazon, Booking. com, Zalando etc.). Die totale datentechnische Durchleuchtung der Kunden und Ableitung von entsprechenden Angeboten mit teilweise manipulativem Charakter ist eher das Gegenteil von empathischem Verständnis der eigenen Organisation und des Stakeholderumfeldes.

Auf einem Feld fiel uns das Einordnen schwer – das Nichtlineare, das Ausbrechende, das anscheinend Nichtprogrammierbare, das „Algorithmuslose", die **kreative Lösung**, die differenzierende Idee. Hier sind wir bezüglich der künstlichen Intelligenz unsicher. Es wird viel einfacher werden, aus lernenden Simulationen zu kreativen Ideen zu kommen. Mit dem schon vollzogenen Schaffen von Bildern und Symphonien ist der Mensch auf dem besten Weg. Der KI-Computer AlphaGo hat sich derart kreative Züge ‚einfallen' lassen, dass der Go-Großmeister dagegen machtlos war.

Der Weg der KI zur kreativen Idee ist ein anderer als der des Strategen, aber das Ergebnis, die differenzierende Strategie, kann vergleichbar sein. KI und Mensch können sich bei der Strategiefindung ergänzen.

---

[1] *Der Schweizer KI-Guru Jürgen Schmidhuber vertritt diese Auffassung (Künstliche Intelligenz, PM. 1/2019).*

Deshalb haben wir trotz aller Bedenken die Kreativität in die zweite Spalte unserer Tabelle eingeordnet. Wir verzichten auf eine detaillierte Segmentierung der Kreativität in Teile wie explorative, kombinatorische oder transformatorische Kreativität. Nur bezüglich der letzteren sehen wir Grenzen für die KI. Dies entspricht unserer Auffassung, dass die KI den menschlichen Weg zu kreativen Lösungen nicht übernehmen wird, obwohl sie zu vergleichbaren Lösungen fähig ist.[2]

Es läuft mit der künstlichen Intelligenz und dem kreativen „Homo Strategensis" ähnlich wie mit dem Hasen und dem Igel

Der Igel entschloss sich, ein bisschen im Felde spazieren zu gehen. Er war noch nicht weit vom Hause weg, als ihm der Hase begegnete. Als der Igel den Hasen sah, schenkte er ihm ein freundliches guten Morgen. Der Hase aber, der auf seine Weise ein vornehmer Herr war, antwortete nicht auf des Igels Gruß, sondern sagte mit wichtiger Miene: „Wie kommt es denn, dass du schon so früh am Morgen im Felde herumläufst?" – „Ich geh spazieren!", sagte der Igel. „Spazieren?", lachte der Hase. „Mich deucht, du könntest die Beine auch wohl zu besseren Dingen gebrauchen." Diese Antwort verdross den Igel ungeheuer, denn alles konnte er ertragen, aber auf seine Beine lässt er nichts kommen, eben weil sie von Natur aus schief sind. „Du bildest dir wohl ein", sagte nun der Igel zum Hasen, „dass du mit deinen Beinen mehr ausrichten kannst?" – „Das denke ich", sagte der Hase. „Das käme auf einen Versuch an", meinte der Igel. „Ich glaube, dass wenn wir einen Wettlauf machen, ich an dir vorbeilaufe." „Das ist zum Lachen, du mit deinen schiefen Beinen", sagte der Hase. „Um was wetten wir?" – „Einen goldenen Louisdor und eine Flasche Branntwein", sagte der Igel. „Angenommen!", sprach der Hase. „In einer halben Stunde bin ich auf dem Acker." Als nun der Igel zu Hause ankam, sprach er zu seiner Frau: „Frau, zieh dich schnell an, du musst mit mir aufs Feld hinaus. Siehst du, auf dem langen Acker dort wollen wir mit dem Hasen unseren Wettlauf machen. Der Hase läuft nämlich in der einen Furche und ich in der andern, und von oben fangen wir an zu laufen. Nun hast du nichts weiter zu tun, als dich hier unten in die Furche zu stellen, und wenn der Hase auf der anderen Seite ankommt, so rufst du ihm entgegen: ‚Ich bin schon da.'"

„Kann es losgehen?", fragte der Hase. „Jawohl", erwiderte der Igel. „Dann also los!" Der Hase zählte: „Eins, zwei, drei!", und los ging es wie ein Sturmwind den Acker hinunter. Der Igel aber lief nur ungefähr drei Schritte, dann duckte er sich in die Furche und blieb ruhig sitzen. Als nun der Hase in vollem Lauf unten am Acker ankam, rief ihm Frau Igel entgegen: „Ich bin schon da!" Der Hase stutzte und wunderte sich nicht wenig: Er meinte nicht anders, als wäre es der Igel selbst, der

---

[2] *Zipp und Vey ordnen der transformativen Kreativität fünf Bereiche zu, die dem Menschen vorbehalten sind und auch sein sollten: Körperlichkeit, Individualität & Subjektivität, Bewusstsein, das Unbewusste und Sinnlichkeit (vgl. Zipp/Vey, Informatik-Spektrum 41, 27–37 (2018)).*

ihm zurief, denn bekanntlich sieht dem Igel seine Frau just so aus wie ihr Mann. Der Hase aber meinte: „Das geht nicht mit rechten Dingen zu." Er rief: „Noch mal gelaufen, wieder rum!" Und fort ging er wieder wie ein Sturmwind, dass ihm die Ohren am Kopfe flogen. Als nun der Hase oben ankam, rief ihm der Igel entgegen: „Ich bin schon hier!" Der Hase aber, ganz außer sich vor Eifer, schrie: „Noch einmal gelaufen, wieder rum!" – „Mir recht", antwortete der Igel, „meinetwegen, so oft du Lust hast." So lief der Hase noch dreiundsiebzigmal, und der Igel hielt es immer mit ihm aus. Beim vierundsiebzigsten Male aber kam der Hase nicht mehr bis ans Ende. Mitten auf dem Acker stürzte er zur Erde und blieb tot auf dem Platze liegen. Der Igel nahm seinen gewonnenen Louisdor und die Flasche Branntwein, rief seine Frau aus der Furche ab, und beide gingen vergnügt miteinander nach Hause! Und wenn sie nicht gestorben sind, dann leben sie noch heute.

So begab es sich, dass der „Homo Strategensis" den „Homo Robotensis" schlug, da er einen blitzklugen Gedanken hatte. Der künstlich Intelligente konnte trotz aller Schnelligkeit und eifrigem Durchlaufen der Strecken nichts entgegensetzen. Und dies geschah im Jahre 1857 auf einer europäischen Wiese.

Auch die initiale Kreativität in Geschäftsmodellen der New Economy würden wir gedanklich eher als transformatorisch ansehen. Maschinelle Kreativität benötigt Daten aus der Vergangenheit, und die liegen beim Entwickeln einer neuen Geschäftsidee per definitionem nicht vor. Steve Jobs soll bei einem Vortrag an der Stanford University auf die Frage eines Studenten, mit welcher Marketingagentur Apple zusammenarbeiten würde, da doch immer wieder Blockbuster-Produkte daraus entstünden, gesagt haben: *Mit gar keiner. Woher sollten Konsumenten wissen, welche Produkte sie in fünf Jahren kaufen möchten? Das muss ich ihnen sagen.*

Im Laufe der Weiterentwicklung dieser Geschäfte entstehen immer mehr Daten und Erfahrungen, so dass die KI auf ihre Weise dann auch neue – kreative – Ideen entwickeln kann.

Eine begriffliche Schärfung und Unterscheidung zum Schluss: Wir haben in unseren Betrachtungen den Strategen mit dem CEO, dem Top-Manager, dem Eigentümerunternehmer, dem **Unternehmenslenker** gleichgesetzt, da dieser immer auch **Stratege** ist – wobei es gleichgültig ist, ob er oder sie sich als solche verstehen. Da in (vor allem größeren) Unternehmen allerdings die Funktion der Strategieentwicklung (Leiter der Strategieabteilung, Strategieberater) und die des Entscheiders, des Unternehmenslenkers häufig getrennt sind, müssen wir folgende Unterscheidung hinsichtlich des Strategen treffen:

Der **funktionale Stratege** (Berater, Strategieabteilungsleiter) mag in den nächsten Jahren von der KI zunehmend gefressen werden. Libert und Beck bringen es auf den Punkt: *‚Quant Consultants' and ‚Robo Advisors' will offer faster, better, and more profound insights at a fraction of the cost and time of today's consulting firm* (Libert und Beck 2017).

Um das zu vermeiden, stellen sich die großen internationalen Beratungsfirmen schon seit einiger Zeit darauf ein, indem sie ihr Beratungsangebot neu ausrichten: Einerseits Einbau von *Big Data* und KI-Fähigkeiten in ihren Strategieprozess und den ihrer Klienten, andererseits Unterstützung bei allumfassenden Transformationsprozessen.

Der Ziele setzenden, Menschen und Organisationen empathisch verstehenden und authentisch kommunizierenden **Führungspersönlichkeit** steht dagegen die Zukunft umso mehr offen. Die perfekte Beherrschung der Gebiete, die ihr bleiben, ist ausbaufähig: die richtigen Ziele zu setzen, die Strategie mit der Organisation zu verbinden – in manchen Fällen zu versöhnen – und die persönliche empathische Kommunikation. Deshalb gehen wir davon aus, dass auch die Auswahl von Führungskräften anspruchsvoller werden wird, da die Dominanz der sozialen Führungsfähigkeiten gegenüber den technischen weiter zunehmen wird.

Daraus ergeben sich drei Möglichkeiten zum Ausreißen, zum Entwickeln von Wettbewerbsvorteilen:

- Die Gebiete, in denen die künstliche Intelligenz bezüglich der Strategiefindung ante portas steht, sind zu akzeptieren, zu beschleunigen, auszubauen, zu nutzen. In unseren Abb. 6.1 und 6.2 zeigten wir neun Felder, auf denen schon in den kommenden fünf bis zehn Jahren die KI den Strategieprozess verändern wird. Wer hier der Erste, der Beste ist, wird in einem der vornehmsten Gebiete des Managements, der Strategiefindung, einen Vorteil haben, der die Schlacht entscheiden kann.

	Kurzfristig Bis zu 10 Jahren	Absehbar t Bis zu 25 Jahren	Nicht absehbar
Ein Strategie muss den besten Weg zum Ziel zeigen			X
Strategien nicht nur aus der Wirtschaft ableiten		X	
Nicht versuchen wissenschaftlich zu sein	X		
Strategien müssen transparent, einfach, verständlich sein	X		
Versuchen von der Gesamtheit auszugehen	X		
Strategiefindung muss lernfähig sein	X		
Strategiefindung muss vier Quellen der Erkenntnis nutzen			
1. Ratio	X		
2. Kreativität		X	
3. Intuition		X	
4. Empathie			X
Die Struktur ist wichtiger als der Fakt sichern		X	

Abb. 6.1 Der Einfluss der künstlichen Intelligenz auf die Regeln der Strategiefindung

	Kurzfristig Bis zu 10 Jahren	In absehbarer Zeit Bis zu 25 Jahren	Nicht absehbar
Ziele setzen			X
Strukturieren		X	
Analyse von Markt und eigenen Fähigkeiten	X		
Schaffung von Optionen	X		
Bewertung der Optionen	X		
Formaler Entscheidungsvorschlag	X		
Von der Entscheidung überzeugen			X

Abb. 6.2   Der Einfluss der künstlichen Intelligenz auf die Schritte der Strategiefindung

- Die mittelfristigen Felder sind anzugehen – mit gezieltem und gleichzeitig vertretbarem Aufwand, aber mit dem Ziel, intellektuellen und technischen Vorlauf zu haben. Das gilt insbesondere für die Kreativität, für die Differenzierung. Die KI geht hier einen anderen Weg als der Homo sapiens, aber die Ergebnisse können ähnlich sein. Das Unternehmen, das in der Lage ist, diese beiden Wege zu verbinden, kann sich den entscheidenden Wettbewerbsvorteil sichern.
- Die Felder, die für die künstliche Intelligenz (zumindest für längere Zeit) nicht fassbar sind – Ziele setzen, führen und kommunizieren mit Empathie –, sind nicht nur zur Kenntnis zu nehmen. Wir müssen uns auf sie einstellen. Der Unternehmenslenker der Zukunft muss hier gegenüber der Vergangenheit Fähigkeiten ausbauen, er muss sich auf diese Felder konzentrieren.

Daraus ergeben sich zwangsläufig zwei Konsequenzen. Die vielleicht wichtigste ist, dem Setzen von **Unternehmenszielen mehr Bedeutung beizumessen.** Heute steht zu häufig das Opportunistische, das situationsbezogene, das interessenbasierte Zielsetzen im Vordergrund. Handfeste, harte Ziele werden manifestiert, nach Monaten werden sie angepasst, so dass die Ist-Zahlen den Zielzahlen immer ähnlicher werden, oder Ziele werden in Form von Allgemeinplätzen formuliert ('Wir wollen erste Wahl unserer Kunden sein').

Es werden Ziele gebraucht, die über längere Zeiträume der künstlichen Intelligenz als Kompass dienen können. KI kann sich im Strategieprozess nicht entfalten, wenn sie stets neue Stöße bekommt. Visionen oder Ziele sind gefragt, die der Industrie, den Eigentümerinteressen und der Gesellschaft als Ganzes entsprechen. Ziele wie Sicherung oder Ausbau des Wettbewerbsvorteils, Eindämmen von Risiken, organisches Wachstum, Differenzierung, technologischer Vorsprung, Nachhaltigkeit, überlegene Marke sind gefragt. Nicht alle auf einmal, sondern fokussiert. Nach ihnen kann mittelfristig gearbeitet werden. Für sie können Daten gesammelt und Algorithmen entwickelt werden, auf deren Grundlage sich die künstliche Intelligenz entfalten kann.

Eine existenzielle Konsequenz ist, die Differenzierung, die kreativen Lösungen viel stärker in den Mittelpunkt zu stellen. Der Vorstand sollte die Differenzierung in jeder Sitzung auf der Tagesordnung haben, ein kreatives Klima im Unternehmen sichern. Der HR-Bereich muss Talente finden, die empathisch, kommunikativ und kreativ sind. Die KI wird uns helfen, eine neue Sicht einzubringen. Aber die menschliche – transformatorische – Seite kann sie nicht ersetzen.

Wir haben wiederholt den empathischen, verstehenden, kommunikativen Manager als den Strategen der Zukunft bezeichnet und gefordert. Natürlich suchen Aufsichtsorgane von Unternehmen auch heute schon diese Art herausragender Führungskräfte. Aber in der Zukunft wird dieser Typus nicht nur vorteilhaft, sondern notwendig für die differenzierende Unternehmensführung sein. Lee[3] findet klare Worte: *While AI has far surpassed humans at narrow tasks that can be optimized based on data, it remains stubbornly unable to interact naturally with people …* und *This is the synthesis on which I believe we must build our shared future: on AI's ability to think but coupled with human beings' ability to love.*

Hier liegen die Grenzen der künstlichen Intelligenz. Und das ist auch gut so.

> *Vor einiger Zeit übernahm ein weltweiter Marktführer einen kleineren Wettbewerber, um ihn in eine seiner wichtigen Divisionen zu integrieren. Gemeinsam hatten die Geschäfte ca. 4 Mrd. Euro Umsatz und 20.000 Mitarbeiter. Die Bereiche R&D, Produktion, Marketing & Vertrieb und Verwaltung mussten weltweit zusammengeführt werden. Die Organisation dieses PMI (Post-Merger-Integration) übernahm ein Team von zehn externen Beratern und 50 Mitarbeitern aus dem übernehmenden und dem übernommenen Unternehmen. Die Leitung übernahm der Präsident einer anderen Division, der auf dem Sprung in den Vorstand war. Das Steering Committee wurde vom CEO geleitet.*
>
> *Nach drei Monaten waren die Vorbereitungen zur Integration abgeschlossen. Der CEO der übernehmenden Firma flog zum Unternehmenssitz der übernommenen und stellte sich vor die Belegschaft, um ihnen die neue Struktur und die Prinzipien der Integration zu erläutern. Bereits am Morgen, als die Mitarbeiter ins Werk kamen, sahen sie am Eingang das neue Firmenlogo des ehemaligen Wettbewerbers – eine höchst emotionale Erfahrung. Übernahmen dieser Art rechtfertigen sich normalerweise durch eine Kombination von Umsatz- und Kostensynergien. Der Kern der sehr offenen, transparenten, ehrlichen, empathischen Rede war: ‚Wir haben gemeinsam eine große Zukunft. Aber nicht alle von Ihnen werden ihren Job behalten können. Wir werden versuchen, Ihnen andere Angebote im Unternehmen zu machen, aber die wird es nicht für alle geben.'*

---

[3] *Lee, a.a.O., S. 155 und 196.*

> *Sechs Monate nach Beginn der Umsetzung der Maßnahmen gab der Vorsitzende des Betriebsrats der übernommenen Firma der lokalen Zeitung ein Interview, in dem er über die Integration befragt wurde. Der Kern seiner Antworten war: ‚Es war eine schwierige Zeit für uns, auch schmerzlich – aber wir haben uns jederzeit fair behandelt gefühlt.'*

Eben das hätte eine KI nicht erreichen können. ‚Unser Stratege', der Unternehmenslenker, wird für lange Zeit nicht vollständig gefressen werden.

Literatur

Libert B, Beck M (2017) AI may soon replace even the most elite consultant. HBR, 24. July 2017

The manufacturer's authorised representative in the EU is Springer
Nature Customer Service Centre GmbH, Europaplatz 3, 69115 Heidelberg,
Germany. If you have any concerns regarding our products, please
contact ProductSafety@springernature.com

Printed and bound by CPI Group (UK) Ltd, Croydon, CR0 4YY

24/04/2026

02096339-0004